# 世にも美しい三字熟語

西角けい子

ダイヤモンド社

この三字熟語わかりますか？
真ん中の文字を入れて
完成させてください。

十□番

＊答えは、188ページをご覧ください

我□多

＊答えは、151ページをご覧ください

獅□吼

＊答えは、80ページをご覧ください

手□煉

＊答えは、170ページをご覧ください

駄□螺

＊答えは、163ページをご覧ください

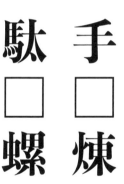

はじめに

# 美しく、かっこよく、面白い「三字熟語」の世界

本書は、かつてない新しいやり方で「語彙力《ごい》」がつく本です。

——新しいやり方——。

それは「三字熟語」です。

「えっ、三字熟語？　四字熟語なら知っているけれど……」

「しかも、『世にも美しい三字熟語』って、何ですか？」

そんなふうに感じてしまうのも無理はありません。

「熟語」には、二字熟語、三字熟語、四字熟語といろいろありますが、ふつうで当たり前すぎる二字

熟語や、故事・ことわざや中国の漢文に由来する四字熟語に比べると、「三字熟語」は、国語の世界ではあまり重要視されていないように思います。

いや、はっきり言えば、三字熟語の存在すら、ほぼ、無視されてきたと言ってよいでしょう。実際に、小学校から高校までの国語の授業で「三字熟語を徹底的に勉強した」という方は少ないのではないでしょうか。

このように、どちらかと言えば、影が薄い「三字熟語」ですが、その世界に深く潜ってみると、そこには**日本語がもつ豊かな漢字文化があり、大和言葉や漢語の世界が広がっています**。語源や由来には中国文化に関わるものもありますが、日本の美を映し出す情景や歌舞伎や落語などの伝統芸能、歴史、文学に至るまで、壮大な日本の文化が展開されています。

たとえば、**「雪月花（せつげっか）」「五月雨（さみだれ）」「朧月夜（おぼろづきよ）」のような日本の景観や四季折々の風物を表す美しい言葉をはじめ、「安本丹（あんぽんたん）」「頓珍漢（とんちんかん）」「素頓狂（すっとんきょう）」などの思わず笑ってしまう言葉、「大団円（だいだんえん）」「知情意（ちじょうい）」「不如意（ふにょい）」などの使うとかっこいい言葉など、三字熟語の世界は多彩なのです。**

「質実剛健」「厚顔無恥」「大言壮語」「本末転倒」など四字熟語の持つ語感がある意味、仰々しくて、上から目線で、教訓めいた言葉が多いのに対して、**三字熟語には、軽やかで、庶民的で、思わずクスッと笑ってしまうような言葉がたくさんあるのです。**

つまり、「三字熟語」は、

**ちょっと変わっている。だから、面白い。**

のです。このように人の心を惹き付けてやまない三字熟語に注目しないのは、なんともったいないことでしょう。

四字熟語についてはよく知っているという人であっても、三字熟語となると実は歯が立たないという現実に直面します。

「国語が得意だ」という人も鼻をへし折られるかもしれません。

それくらい、三字熟語について、私たちは無知蒙昧《むちもうまい》の輩なのです。

三字熟語の面白さを知ってもらいたい、気づいてもらいたい。そんな「三字熟語ラブ」な思いが高じて、ちょっとした三字熟語クイズをつくっては、周りの人に解いてもらってきました。基本は穴埋めクイズで、「三字熟語」の真ん中の一文字を考えるだけです。

ただ、やってみると分かりますが、前後の二文字をヒントに真ん中の一文字を考えるのは意外と難しいものです。しかも漢字の一文字で答えなくてはいけません。次ページの答えを見れば「なーんだ、知ってるよ」と思われるかもしれませんが、言葉を「聞いたことがある」のと、文字として「読める・書ける」には大きな違いがあります。後者のレベルになれば、「漢字を知っている」「語彙力がついている」人の証といえます。また、「三字熟語」の用例は、日本文学の名作に依拠したので、文豪たちが紡いできた味わい深い文章表現にも触れられます。

申し遅れましたが、現在、私は小中学生を対象にした学習塾を開き、独自の指導法で国語力をつける指導をしています。教え子たちは、教材会社が実施する全国版の学力テストで日本一になったり、2か月で偏差値が30上がったり、偏差値70を超えたり、倍率10倍超の公立中高一貫校に短期の準備で合格したりしています。

その秘訣が、実は「語彙力」を高めることにあります。

語彙力が高まると何が起きるのか。

**理解力、判断力、分析力、論理力といった、人間としての基礎的な素養が身につく**ことはもちろんですが、ひと言で言えば、**人生が豊かになり、毎日が楽しくなる**、というのが、私の考えです。

本書の三字熟語クイズに挑むことで、「ああ、わからなかった！」とか、「このむずかしい問題が解けるのは自分くらいではないだろうか」とか、悔しい思いをしたり、ちょっとした優越感を覚えたり、感情の起伏を味わうはずです。

それが記憶につながり、語彙力となるのです。

自分ひとりで解くのもよし、職場や家庭で、わいわいガヤガヤ言いながら解くのもよし。

クイズを解き、解説を読み、文豪の文章に親しみながら、三字熟語の面白さに目覚める人が増えてほしい。当たり前のようで決して当たり前ではない、日本人に生まれた幸せを、この本を通して、ひとりでも多くの人にかみしめてほしいと願っています。

西角《にしかど》けい子

世にも美しい三字熟語◎目次

はじめに
美しく、かっこよく、面白い「三字熟語」の世界……2

## 第1章
# 人をほめる時に使う三字熟語

❶姐□肌／姉□肌　❷偉□夫　❸韋□天……17
❹一□羅　❺一□地　❻男□達……21
❼生□本　❽義□心　❾気□夫……25
❿綺□星　⓫麒□児　⓬金□塔……29
⓭好□爺　⓮好□家　⓯女□夫……33
⓰真□頂　⓱先□者　⓲千□眼……37
⓳素□家　⓴手□女　㉑立□者……41

22 天□通 23 独□場 24 破□荒……45
25 美□夫 26 左□扇 27 一□種……49
28 風□児 29 不□出 30 不□転……53
31 益□男 32 見□者 33 老□家……57


## 第2章 使うとかっこいい三字熟語


34 阿□羅 35 過□及 36 歓□天……63
37 閑□鳥 38 帰□来 39 橋□堡……67
40 芥□粒 41 健□家 42 小□時……71
43 強□判 44 匙□減 45 三□対……75
46 獅□吼 47 初□念 48 上□物……79
49 大□円 50 大□石 51 太□楽……83
52 短□急 53 知□意 54 長□舌……87

55 長□息
56 鉄□皮
57 等□視 …… 91
58 如□叉
59 野□図
60 贔□目 …… 95
61 一□着
62 福□寿
63 不□意 …… 99
64 摩□楼
65 満□飾
66 翻□斗／飜□斗 …… 103

## 第3章 世にも美しい三字熟語

67 朝□夜
68 十□夜
69 朧□夜 …… 109
70 案□子
71 寒□離
72 吉□右 …… 113
73 五□雨
74 不□火
75 白□風 …… 117
76 真□美
77 雪□花
78 蝉□雨 …… 121
79 日□雨
80 手□場
81 桃□郷 …… 125
82 十□夜
83 半□生
84 八□万 …… 129

第4章

## 使ってはいけない三字熟語


85 青□箪 …… 135
86 似□非 …… 135
87 阿□福 …… 135
88 黄□児 …… 139
89 三□眼 …… 139
90 村□子 …… 139
91 美□局 …… 143
92 都□土 …… 143
93 不□転 …… 143


第5章

## 思わず笑ってしまう三字熟語


94 安□丹 …… 149
95 我□多／瓦□多 …… 149
96 奇□烈 …… 149
97 最□屁 …… 153
98 雑□寝／雑□寝 …… 153
99 地□駄／地□太 …… 153
100 素□貧 …… 157
101 助□衛 …… 157
102 素□狂 …… 157
103 素□辺 …… 161
104 駄□螺 …… 161
105 猪□才 …… 161
106 珍□漢／珍□漢 …… 165
107 珍□類 …… 165
108 突□貪 …… 165
109 手□煉 …… 169
110 出□目 …… 169
111 唐□木 …… 169

112 頓□漢
113 野□松／野□間
114 破□恥 …… 173
115 仏□面
116 不□寝
117 自□糞 …… 177

## 第6章 日本人の心情を表す三字熟語

118 悪□郎
119 伊□波
120 産□神 …… 183
121 十□番
122 下□物
123 守□離 …… 187
124 序□急
125 垂□根／垂□女
126 転□気 …… 191
127 土□骨
128 南□三
129 昔□質／昔□気 …… 195

## 第7章 知らないと恥をかく三字熟語

130 依□地
131 自□落
132 守□奴 …… 201
133 太□望
134 生□法
135 傍□惑 …… 205

136 半□通　137 鼻□長　138 日□見……209
139 風□牛　140 風□坊　141 不□番……213
142 無□法／不□法　143 不□者　144 無□漢……217
145 偏□狂　146 朴□仁　147 木□漢……221
148 三□半　149 没□道　150 野□天……225
151 遊□郎　152 世□言　153 四□山……229

特別コラム
## 夏目漱石と太宰治の「三字熟語」の世界

夏目漱石と太宰治の「三字熟語」って何？……234
夏目漱石は「言葉づくり」の大家である！……235
『吾輩は猫である』は三字熟語の宝庫である……236
その他の夏目漱石作品の「三字熟語」……239
□坊っちゃん　□三四郎　□草枕　□夢十夜　□こころ

太宰治も「三字熟語」の匠である……241
衝撃的な場面を際立たせる、『人間失格』の三字熟語……245
□人間失格　□津軽
味わい深い「三字熟語」の世界……248
おわりに
私の「三字熟語」の世界は、「安本丹」から始まりました……249

第1章

# 人をほめる時に使う三字熟語

ああ、あ、濁流を泳ぎ切り、山賊を三人も撃ち倒し韋□天、ここまで突破して来たメロスよ。真の勇者、メロスよ。今、ここで、疲れ切って動けなくなるとは情無い。愛する友は、おまえを信じたばかりに、やがて殺されなければならぬ。

（太宰治『走れメロス』）

❶しっかり者で、サバサバとした
心意気がよい女性を指すときに使います。
❷『幽遊白書』の蔵馬のようなキャラの人。
❸太宰治の短編小説『走れメロス』にも出てくる三字熟語。

---

❶ 姐□肌／姉□肌

❷ 偉□夫

❸ 韋□天

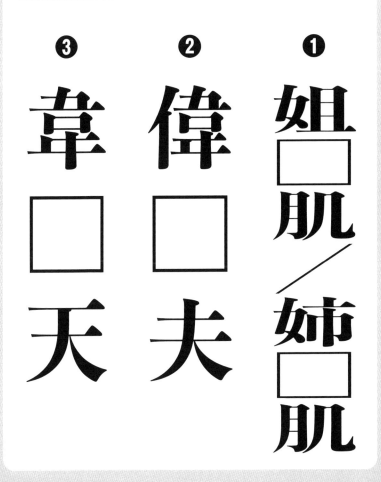

## ❶ 姐御肌／姉御肌（あねごはだ）

**〈意味・由来〉しっかり者で面倒見のよい女性。サバサバとした心意気がよい女性のこと。「姐御」や「姉御」と書く。江戸時代に博徒《ばくと》の親分や火消しの妻の間で使われ始めたと言われる。「姐御」＋「肌」の三字熟語。「肌」という字には、皮膚以外に気質や気性という意味がある。**

時代は変わり、女性は男性に庇護《ひご》されるよりも、自立する生き方が支持されるようになった。社会での女性の活躍の場が増えたこともあるだろう。「姐御肌」は、女性へのほめ言葉として使われることが多いようだ。歯切れのよい言葉遣いで面倒見がよくて、周りの人たちから頼りにされる存在というイメージがある。「姐御肌」の魅力の一つに、「啖呵」がある。幻想的なジブリの世界にも「姐御肌」な登場人物がいる。『千と千尋の神隠し』（２００１年）に登場するリン。主人公の千尋が湯屋で世話になる先輩だ。他にも『もののけ姫』（１９９７年）のエボシ御前。サバサバとした口調が小気味よい。いや決めつけてはいけない。「姐御肌」の女性にもきっと人には言えない、弱みや嘆きがあるだろう。

〈引用〉――今、姐御肌の女性、かっこいい女性の何が人を惹きつけるのかといったら、「言葉」である。人々が長く愛してきたのも、姐御がもつ「啖呵《たんか》」という最大の武器だ。権力を向こうにまわし、自分を世間の評価にかけず、弱い者にエールを送る――その言葉に人々はしびれ、勇気をもらってきた。（伊藤春奈『「姐御」の文化史』）

## ❷ 偉丈夫（いじょうふ／いじょうぶ）

**〈意味・由来〉　体格のよい心身ともにたくましい男性。「偉」＋「丈夫」の三字熟語。「偉」には大きくて立派な、という意味がある。「丈」は古代中国の長さを表す単位で、後に日本に伝わった。一丈は十尺＝三・〇三m。「丈夫」は、中国古典で一人前の成人男性を表す。**

世界有数の貿易大国の日本は、多くの品物を輸出入しているが、怪談話まで輸入していたとは知らなかった。古くは鎌倉時代の『今昔物語《こんじゃくものがたり》』や『宇治拾遺物語《うじしゅういものがたり》』の類から、江戸時代の著作に至るまで中国からの輸入物、と書いたのは『半七捕物帖』で有名な岡本綺堂《おかもときどう》である。綺堂の『妖怪漫談』によれば、中国の大蛇の妖怪は「偉丈夫」に化けるが、日本の蛇の妖怪は、執念深い女に化けるそうだ。時代は変わり、世界に誇る日本の漫画やアニメやゲームに、今や妖怪は欠かせない。明治から昭和にかけて活躍した鬼才には、今日の日本の妖怪の様変わりぶりはどう見えるだろう。今でも「偉丈夫」はいないのかと気になり、アニメファンに尋ねてみると、たちまち黄色い声に変わり、『幽遊白書』の蔵馬や『犬夜叉』の主人公など次々に名前が挙がった。人間でも妖怪でも「偉丈夫」は魅力的なのだ。

**〈引用〉**　──『西湖佳話《せいこかわ》』のうちにある雷峰怪蹟《らいほうかいせき》の蛇妖のごときは、上田秋成の『雨月物語』に翻案された通りであるが、比較的に妖麗な女に化けるというのは少い。その多くは老人か、偉丈夫に化けて来るのであって、寧《むし》ろ男性的である。（岡本綺堂『妖怪漫談』）

## ❸ 韋駄天（いだてん）

**〔意味・由来〕　足の速い人。古代インドの民族宗教のバラモン教の神・シヴァ神の子ども。釈迦の入滅（死）のときに仏舎利《ぶっしゃり》（釈迦の遺骨）を盗んで逃げる捷疾鬼《しょうしつき》に追いついて取り戻して、足の速い神だと認識される。このことから、足の速い人を「韋駄天」と呼ぶようになったといわれる。**

太宰治の短編小説『走れメロス』は、羊飼いのメロスが自分の身代わりで人質になった親友の命を救うためにひた走って友情の絆を深め、それを見た暴君が改心した物語である。豪雨で氾濫した激流の川を泳ぎ切り、襲ってきた山賊にも打ち勝つメロスだったが、さすがに疲労困憊《ひろうこんぱい》して体力の限界を迎え、ついに動けなくなってしまう。立ち上がることさえできないメロスは、天を仰ぎ、悔し涙に暮れながら、自身を「韋駄天」に例えて絶望の想いを叫ぶ。そのまま眠り込むが、清水の湧き出る音に気づく。思わず両手ですくいひと口飲むと、メロスにわずかな希望が生まれて、また、走り出す。絶望の淵のメロスを救った水。九死に一生を得たのは、「韋駄天」の神がメロスに駆けつけたからかもしれない。

**〔引用〕**　—ああ、あ、濁流を泳ぎ切り、山賊を三人も撃ち倒し韋駄天、ここまで突破して来たメロスよ。真の勇者、メロスよ。今、ここで、疲れ切って動けなくなるとは情無い。愛する友は、おまえを信じたばかりに、やがて殺されなければならぬ。（太宰治『走れメロス』）

❹晴れやかなパーティーなどに着ていきたい服のこと。
❺「一□地を抜く」という使い方をします。
❻男らしい振る舞いをする素敵な男性のこと。

❹ 一□羅

❺ 一□地

❻ 男□達

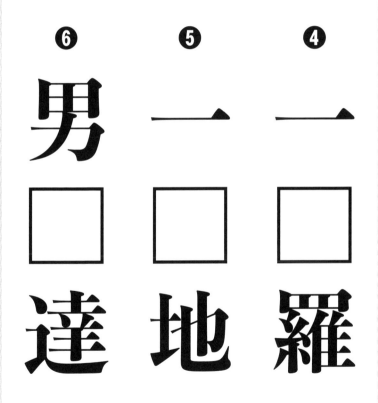

## ❹ 一張羅（いっちょうら）

**〈意味・由来〉　持っている衣服のうちで一番上等な服のこと。晴れ着。「一張」＋「羅」の三字熟語。**

**江戸時代の国語辞書である俚言集覧《りげんしゅうらん》には、「一張羅」は「一挺蝋《いっちょうろう》」が訛《なま》った言葉、とある。諸説あり、昔はロウソクが非常に高価だったので買い置きができなかったためであるとも、「羅」が夏の薄絹で「一枚の羅」という意味から「一張羅」になったとも言われている。**

芥川龍之介の短編小説『秋』は、姉と妹の、幼馴染の従兄をめぐる、心理的な三角関係を描いた作品である。姉の信子は、作家として大成する、と思わせるほどの逸材であったが、女学校を卒業すると、従兄の俊吉《しゅんきち》ではなく、別の男と結婚してしまい、周りを驚かせる。実は妹の照子も俊吉を好きだと知り、黙って自ら身を引いたのだ。数年ぶりの再会に喜ぶ姉妹だが、妹は姉の気持ちを慮《おもんぱか》って涙を流す。「一張羅」の背広で出かける俊吉。見送る信子は、その俊吉の後ろ姿に何を感じたのだろう。男の背広姿は女心を惑わせる。

**〈引用〉**　―翌朝俊吉は一張羅の背広を着て、食後玄関へ行つた。何でも亡友の一周忌の墓参をするのだとか云ふ事であつた。「好いかい。待つてゐるんだぜ。午頃《ひるごろ》までにやきつと帰つて来るから。」――彼は外套をひつかけながら、かう信子に念を押した。が、彼女は華奢《きゃしゃ》な手に彼の中折《なかをれ》を持つた儘、黙つて微笑したばかりであつた。（芥川龍之介『秋』）

## ⑤ 一頭地（いっとうち）

**〔意味・由来〕** 頭一つ分の高さや長さのこと。「一頭」＋「地」の三字熟語。「一頭」は、頭ひとつの、という意味。「地」は漢文の語調を整えるもので、特別な意味はない。「一頭地を抜く」は、学問などで他人よりも抜きんでている状態のことで、「一等地を抜く」と書くのは誤り。

明治の文豪・夏目漱石の『草枕』の冒頭はあまりにも有名である。主人公の三十歳の画家は、東京「智《ち》に働けば角《かど》が立つ。情に棹《さお》させば流される。意地を通せば窮屈《きゅうくつ》だ。とかくに人の世は住みにくい。」から熊本の山中の温泉宿を訪れて、美しい娘、那美と出会う。離婚して実家へ戻った彼女は、池に身を投げて往生《おうじょう》しているところを綺麗な画にかいて欲しい、という。主人公は「茫然《ぼうぜん》たる事多時《たじ》」だと思うが、それは「今まで見た女のうちでもっともうつくしい所作《しょさ》をする」と思わせる女からの申し出でもあった。満州に徴集される従兄弟を見送るために駅に行った那美は、発車する汽車の窓から首をだした元夫と見つめあう。那美の表情にはかつて見たことのない憐《あわ》れさが浮かんでいた。思わず、画のイメージを摑《つか》んだ主人公は「それだ」と那美にささやく。哀愁漂う女性の横顔は神秘的である。

**〔引用〕** ―花が花と見え、水が水と映り、人物が人物として活動すれば、画の能事《のうじ》は終ったものと考えられている。もしこの上に一頭地を抜けば、わが感じたる物象を、わが感じたるままの趣《おもむき》を添えて、画布の上に淋漓《りんり》として生動《せいどう》させる。（夏目漱石『草枕』）

# ❻男伊達 （おとこだて）

【意味・由来】　世間に体裁がいい男らしい振る舞いや、その人のこと。「男」＋「伊達」の三字熟語。

「伊達」には、侠気をひけらかす、見栄を張る、好みがしゃれている、などの意味がある。

江戸時代の初期、旗本奴と呼ばれる者たちがいた。地位のある大名家や旗本であった彼らは、何よりも目立つことに誇りを持った。派手な衣装に身を包み、髪に大きな髷をつける異様ないでたちで、何かにつけては、すぐに刀を振り回して暴れまわる。一方、町人の侠客の町奴と呼ばれる者たちは、別名「男伊達」と呼ばれたと言われる。

太宰治の『パンドラの匣』は、「健康道場」という風変わりな結核療養所での物語である。二十歳になった主人公の小柴利助は、「健康道場」で死におびえながらも精一杯に生きて、さまざまな人とふれあいながら成長していく。利助は、玉音放送を聞いた時、不思議な光が身体に射し込んで、すっかり生まれ変わったような気持ちになる。「男伊達」は、同室の患者仲間の一人が利助に、自由思想を日本の伝統に例えて説明する場面で出てくる。何気ない語らいが仲間同士の知識や友情を深める。

【引用】——時の権力に反抗して、弱きを助ける。当時のフランスの詩人なんてのも、たいていもそんなものだったのでしょう。日本の江戸時代の男伊達とかいうものに、ちょっと似ているところがあったようです。（太宰治『パンドラの匣』）

❼純度の高い酒のこと。
❽自分を犠牲にしても、強きをくじいて、
弱きを助けようとする思いです。
❾気持ちが強くてしっかりしていること。

---

❼
生
□
本

❽
義
□
心

❾
気
□
夫

## ❼ 生一本（きいっぽん）

〔意味・由来〕 **ひたむきに一つの物事に打ち込む様子。純度の高い酒のこと。「生」＋「一本」の三字熟語。** 日本酒の「生一本」の表示には規定がある。国税庁のＨＰによると、「生一本」の表示は、一つの製造場だけで醸造《じょうぞう》した純米酒のみに許可されるという。

明治時代の文豪で、自然主義文学の先駆者である国木田独歩《くにきだどっぽ》は、短編小説『号外』の冒頭部分に「生一本」を使っている。とある銀座のバー、男爵や彫刻家などが集まる空間で、加藤男爵、通称「加《か》と男《だん》」は嘆《なげ》いていた。戦争中の「号外」を読むことがいかに楽しかったか、また、戦争が終わり、張り合いがなくなってしまったことを。「加と男」は戦争大反対の男たちと弁舌《べんぜつ》を繰り広げる。それを見た作者は「加と男」は、見知らぬ他人との一体感を渇望《かつぼう》しているだけだと気づく。美味しい酒に、愚痴はいらない。混じりけなしの「生一本」は笑顔で仲間と飲みたいものだ。

〔引用〕 ―ここに言うホールとは、銀座何丁目の狭い、窮屈な路地にある正宗《まさむね》ホールの事である。

生一本の酒を飲むことの自由自在、孫悟空《そんごくう》が雲に乗り霧を起こすがごとき、通力《つうりき》を持っていたもう「富豪」「成功の人」「カーネーギー」「なんとかフェラー」、「実業雑誌の食《く》い物」の諸君にありてはなんでもないでしょう、が、（後略）（国木田独歩『号外』）

「国税庁」ＨＰより https://www.nta.go.jp/taxes/sake/hyoji/seishu/gaiyo/02.htm

# ❽ 義侠心（ぎきょうしん）

**〈意味・由来〉　自分を犠牲にしてでも、強きをくじいて弱きを助けようとする思い。「義侠」＋「心」の三字熟語。困っている人を放っておけず、何とかしようとする「義侠」に「心」がついた言葉で、任侠《にんきょう》や男伊達と同じ意味を持つ。**

夏目漱石が英語教育の研究のため、国費でイギリスに留学しているとき、生活に困窮しながらも、結核にむしばまれる正岡子規《まさおかしき》に向けてしたためた日記形式の手紙がある。ロンドンでの下宿生活の日常や世界情勢を記した自由気ままな手紙に、子規は『倫敦消息《ロンドンしょうそく》』とタイトルをつけて『ホトトギス』に掲載した。『ホトトギス』は、漱石が帰国後に『吾輩は猫である』や『坊っちゃん』を発表した雑誌で、明治三十年の創刊以来、現在まで百年以上刊行され続けている。『倫敦消息』の最終行に親友の子規に向けた漱石の想いを見つけた。「我輩は子規の病気を慰めんがためにこの日記をかきつつある」と。まさに漱石自身が「義侠心」の持ち主である。

**〈引用〉**　―我輩がこの語を聞いたときは非常にいやな可愛想な気持ちがした。元来我輩は江戸っ児だ。しかるに朱引内か朱引外か少々曖昧《あいまい》な所で生れた精《せい》か知らん今まで江戸っ児のやるような心持ちのいい慈善的事業をやった事がない。今何と答をしたかたしかに覚えておらん。いやしくも一遍の義侠心があるならば、うんあなたの移る処ならどこでも移ります、と答えるはずなのだ。（夏目漱石『倫敦消息』）

# ❾ 気丈夫（きじょうぶ）

**〔意味・由来〕　気持ちが強くてしっかりとしていること。頼りになるものがあり、心配がなくて心強いこと。「気」＋「丈夫」の三字熟語。**

泉鏡花《いずみきょうか》は、明治後期から昭和初期に活躍した作家で、代表作に『夜行巡査《やこうじゅんさ》』『外科室』『高野聖《こうやひじり》』がある。師の尾崎紅葉《おざきこうよう》に高い敬意を払っていた。『雪霊記事《せつれいきじ》』は幻想的な短編小説である。主人公の関が脚気《かっけ》を患う。東京から故郷に帰る途中、はじめは「気丈夫」に歩いていたものの武生《たけふ》で動けなくなる。汚れた白絣《しろがすり》を一枚着ただけのみすぼらしい姿で北国一の旅館の蔦谷《つたや》の玄関先に立った。普通なら玄関先で断られるところを、その家の娘のお米《よね》が介抱してくれた。二十年近く過ぎたある冬の夜、関は、命の恩人のお米に会うために、吹雪の道を進んでいく。お米に出会えたものの、不思議な老人に翻弄《ほんろう》される。「怨霊《おんりょう》か」と首をかしげるうち、雪難《せつなん》の碑《ひ》前で倒れ込んでしまう関。「魔が妨げる、天狗の業《わざ》だ──魔物のまやかしか」と雪に埋もれながらも、必死に叫ぶ関の様子に「気丈夫」さを感じ取った。

**〔引用〕**　─やがて、六七町潜って出ました。まだこの間は気丈夫でありました。町の中《うち》ですから両側に家が続いております。この辺は水の綺麗《きれい》な処で、軒下の両側を、清い波を打った小川が流れています。もっともそれなんぞ見えるような容易《やさし》い積り方じゃありません。（泉鏡花『雪霊記事』）

⑩「夜空に美しく輝く無数の星」のこと。
⑪同じ四股名のお相撲さんがいましたね。
回転のいい突っ張りで人気の力士でした。
⑫映画の名作とか、偉大な業績を讃えるときに使う言葉です。

---

⑩
綺
□
星

⑪
麒
□
児

⑫
金
□
塔

# ⑩ 綺羅星（きらぼし）

**〈意味・由来〉　夜空に美しく輝く無数の星。立派な人や物を例える言葉。「綺羅」＋「星」の三字熟語。「綺」は綾絹《あやぎぬ》、「羅」は薄絹《うすぎぬ》の意味があり、「綺羅」は、美しい衣服や着飾った人を表す。**

「綺羅星」とは、元は「綺羅、星の如し」であり、地位の高い人や立派な人が数多く立ち並ぶ様子を表したが、「綺羅、星の如し」から「綺羅星」だけが切り取られ、キラキラと夜空に輝くたくさんの星という意味で使われるようになった。

『舞姫』『高瀬舟』などの代表作がある森鷗外は、東京大学医学部を卒業後、陸軍軍医になり、ドイツで四年過ごしたエリートである。随筆『鷗外漁史《ぎょし》とは誰ぞ』では、明治三十三年の文壇の状況を書いている。「漁史」とは文士の意味で、小説家や画家や書家が本名の他に使う風流な別名「雅号《がごう》」に添えて使う語をいう。当時の新聞によれば、その頃の文壇は「綺羅星」の如く作家が立ち並んでいるとあり、高山樗牛《たかやまちょぎゅう》や島村抱月《しまむらほうげつ》や後藤宙外《ごとうちゅうがい》を批判している。軍医と文豪の二足の草鞋《わらじ》を履いて大成した森鷗外。ちなみに、好物は焼き芋で風呂嫌いだったそうだ。

**〈引用〉**　―さてその前後左右に綺羅星の如くに居並んでいる人々は、遠目の事ゆえ善くは見えぬが、春陽堂《しゅんようどう》の新小説の宙外《ちゅうがい》、日就社《にっしゅうしゃ》の読売新聞の抱月などという際立った性格のある頭が、肱《ひじ》を張って控えて居るだけは明かに見える。（森鷗外『鷗外漁史とは誰ぞ』）

## ⓫ 麒麟児（きりんじ）

**〈意味・由来〉 大成を予感させる天才児や神童のこと。将来有望で才知にたける少年をいう。「麒麟」＋「児」の三字熟語。「麒麟」とは、中国に伝わる伝説上の動物で、祝い事の前に現れるといわれる。「麒」はオス、「麟」はメスを表す。**栃木県にある日光東照宮の拝殿《はいでん》御杉戸《おすぎど》や奈良にある正倉院の宝物や京都の祇園祭の山鉾《やまほこ》などに使われている。

「この生活を教えよう。知りたいとならば、僕の家のものほし場まで来るとよい」太宰治『彼は昔の彼ならず』の書きだしに心がくすぐられ、いつの間にか物語に入りこんでいた。父親の遺産で大家になった主人公「僕」は、屋賃がすべて小遣いになる（注　太宰は家賃ではなく屋賃と書く）。一方、家を借りた木下青扇《きのしたせいせん》は、次々に女を変えるばかりで働かず、「僕」が催促に出向くと、青扇は酒を勧めたり、将棋盤を出したり手練手管《てれんてくだ》で丸め込む。屋賃を全く払わない。「僕」は、屋賃を全く払わない青扇にカリスマ性さえ見出す始末。だが、それが勘違いであったことに気づき、「僕」と青扇は似ていると悟る。「麒麟児」はそう簡単には現れない。

**〈引用〉** ―ふつうの凡夫《ぼんぷ》を、なにかと意味づけて夢にかたどり眺めて暮して来ただけではなかったのか。竜駿《りゅうしゅん》はいないか。麒麟児はいないか。もうはや、そのような期待には全くほとほと御免である。
（太宰治『彼は昔の彼ならず』）

# ⑫ 金字塔（きんじとう）

**〈意味・由来〉　ピラミッドの異称。また、後世に残る偉大な業績のこと。「金」＋「字」＋「塔」の三字熟語。語源は、「金」という字の形をした塔という意味。「金字塔を打ち建てる」のように使う。**

金字とは、金粉で装飾された文字であるという説もある。

寺田寅彦の随筆『アインシュタインの教育観』では、「数学嫌いの生徒について」や「女子教育問題」などのアインシュタインの教育観を紹介している。アインシュタインは、当時行われていた教育を否定している。机上よりも戸外で学ぶことが効果的で、そもそも「学問の実際の起源は実用問題であった」。実際に、古代ギリシアの哲学者タレースは一本の棒と影の長さを使い金字塔の高さを計算してみせたと言う。

タレースやアインシュタインのように学問の歴史において燦然と輝く「金字塔」となるためには、机に向かってがむしゃらに勉強するだけでは不十分なのだ。

**〈引用〉**　—例えばタレースは始めて金字塔の高さを測るために、塔の影の終点の辺へ小さな棒を一本立てた。それで子供にステッキを持たせて遊戯のような実験をやらせれば、よくよく子供の頭が釘付け（フェルナーゲルト）でない限り、問題はひとりでに解けて行く。（寺田寅彦『アインシュタインの教育観』）

⑬「孫などを可愛がる優しいおじいさん」のイメージ。
⑭風流を好む方。読みを間違えがちなので、ご注意を。
⑮気が強い男勝りな人を言います。

---

⑬
好
□
爺

⑭
好
□
家

⑮
女
□
夫

# ⑬好々爺（こうこうや）

**〈意味・由来〉優しくて人の良いお爺さん。いつもにこやかで善意があふれる様子の老人。**

日本の紙幣の肖像になった夏目漱石は、最も有名な作家である。神経と胃を病み続けた偉大な作家には、どこか気難しいイメージを抱きがちだが、意外にも「漱石は好々爺らしいところもあった」と寺田寅彦《てらだとらひこ》は、随筆『夏目漱石先生の追憶』で回想している。寺田は、明治から昭和初期にかけて「物理学者」「随筆家」「俳人」として活躍した。熊本の第五高等学校に在学中、夏目漱石の門下生になり、漱石が亡くなるまで教えを受け続けた。同窓たちは漱石を恐れたが「自分には親しみやすく、憧れの存在だった」とある。蛙の鳴き真似をして笑い転げたり、メリーゴーランドに乗せられると迷惑顔でもそのまま回り続けたり。漱石の茶目ぶりが愛情深く描かれている。寺田は言う。漱石が、大文豪にならなろうがなるまいが問題ではない。いつまでも名もないただの学校の先生であれば、大家にならなければ、もっと長生きをされたはず。寺田の想いに、漱石の好々爺然とした笑顔が浮かぶようだ。

**〈引用〉**　—無遠慮な批評を試みると口を四角にあいて非常に苦《にが》い顔をされたが、それでも、その批評を受けいれてさらに手を入れられることもあった。先生は一面非常に強情なようでもあったが、また一面には実に素直に人の言う事を受けいれる好々爺らしいところもあった。（寺田寅彦『夏目漱石先生の追憶』）

# ⑭ 好事家（こうずか）

〔意味・由来〕 **普通の人とは違ったものに興味を抱いたり、関心を寄せたりする人。風流な人。「好事」＋「家」の三字熟語。「好事」には、「こうじ」と「こうず」の二通りの読み方がある。「こうじ」と読むと、よいこと、よい行いの意味になり、「こうず」と読むと、変わった物事を好む、風流を楽しむ、の意味になる。**

寺田寅彦は、東京帝国大学理科大学を首席で卒業後、大学院に進学した。また、夏目漱石の門下生でもある。まさに、物理学者の明晰《めいせき》さと文人の言葉の豊かさをあわせ持った人である。随筆『火事教育《かじきょういく》』には、東京の「ソビエトロシア印刷芸術展覧会」で、安直だが、芸術味の豊富なデザイン本に注意をひかれたとある。それらは子どもも大人の「好事家」も喜ばすには十分なものであったらしい。特に気に入ったのが、「火事」という児童教育の絵本。わが国の児童のために、芸術家や出版業者が、若干の火事教育を提供されることを切望する、と結んでいる。将来の日本の子どもたちのために、と考える寺田寅彦の「好事家」の魂が温かい。

〔引用〕 ――残念ながらわが国の書店やデパート書籍部に並んでいるあの職人仕立ての児童用絵本などとは到底比較にも何もならないほど芸術味の豊富なデザインを示したものがいろいろあって、子供ばかりかむしろおとなの好事家を喜ばすに充分なものが多数にあった。（寺田寅彦『火事教育』）

# ⑮ 女丈夫（じょじょうふ／じょじょうぶ）

**〔意味・由来〕** **気性の強い、しっかりした女性。女傑《じょけつ》。「女」＋「丈夫」の三字熟語。**

芥川龍之介の『温泉だより』は、伊豆修善寺《しゅぜんじ》温泉の旅館で書かれたそうだ。主人公の「私」が温泉宿に逗留《とうりゅう》していた時に聞いた噂話で盛りあがっていく。萩野半之丞《はぎのはんのじょう》という大工は、身の丈六尺五寸、体重三十七貫で関取にも負けない大男である。自分の体を死体解剖に出すという条件で大金をもらった彼は遊びほうけ、「青ペン」という遊郭の温泉宿の芸者・お松に子供を生ませる。金を使い果たしてその日の暮らしにも困った半之丞は、ある日、温泉の共同風呂に沈んでいた。遺書があり、自殺だと分かる。お松は連れ子をして他家《たけ》に嫁ぐが、わが子のチブスの看病疲れが原因で亡くなってしまう。やがて、半之丞の子どもは大きくなると、同じく、「青ペン」通いの日々を送っていた。登場人物の女性は、みな「女丈夫」である。例えば、お松や「青ペン」のお上《かみ》、それに、半之丞の子を「青ペン」漬けにする女性も、きっと「女丈夫」に違いない。

**〔引用〕** ―川の中の石伝《いしづた》いに風呂へ這《は》って来る女丈夫もさすがに驚いたと言うことです。のみならず半之丞は上さんの言葉にうんだともつぶれたとも返事をしない、ただ薄暗い湯気《ゆげ》の中にまっ赤になった顔だけ露《あら》わしている、それも瞬《また》き一つせずにじっと屋根裏の電燈を眺めていたと言うのですから、無気味《ぶきみ》だったのに違いありません。（芥川龍之介『温泉だより』）

⑯「真実の姿、本当の姿」のこと。

⑰時代を牽《けん》引する人です。

⑱「千□の道も一歩から」ということわざがあります。

---

⑯

真□頂

⑰

先□者

⑱

千□眼

## ⑯ 真骨頂（しんこっちょう）

**〔意味・由来〕　その人が持っている本来の価値。ありのままの姿。「真」＋「骨頂」の三字熟語。「骨頂」とは、この上ないこと。最高の段階を言う。**

戦後の評論『堕落論』は、坂口安吾を圧倒的な人気作家にした。太宰治や織田作之助と共に、無頼《ぶらい》派《は》と呼ばれた。一方では、妄想癖を患い、自宅に百人前のカレーライスを頼んだり、原稿執筆のために、当時は合法であった薬物にも依存していた。『日本文化私観』は、坂口安吾の代表的な評論作品である。「僕は日本の古代文化に就《つい》て殆んど知識を持っていない。」と冒頭で言い切り、小気味よく、自身の体験を交えて書いている。「我々の生活が健康であれば、我々の文化も伝統も健康だ。なぜなら、我々自体の必要と、必要に応じた欲求を失わないからである。そうであれば例え破壊されてしまったものでも必要なものはまた造られるのだから」など、潔い論調は坂口安吾ならではだ。まさに、「真骨頂」の文化論である。

**〔引用〕**　―そうして、この「やむべからざる実質」がもとめた所の独自の形態が、美を生むのだ。実質からの要求を外れ、美的とか詩的という立場に立って一本の柱を立てても、それは、もう、たわいもない細工物になってしまう。これが、散文の精神であり、小説の真骨頂である。（坂口安吾『日本文化私観』）

## ⑰先覚者（せんかくしゃ）

**〔意味・由来〕誰よりも早く、物事の道理や時代の流れや変化を見抜いて重要性を知り、行動に移す人。「先覚」＋「者」の三字熟語。「先覚」とは、物事の道理や移り変わって行く先を見抜くこと。**

大正時代から昭和にかけて活躍した「物理学者」中谷宇吉郎《なかやうきちろう》は、「先覚者」といえるだろう。世界で初めて人工雪《じんこうゆき》の製作を成功させた人である。東京大学理学部を卒業後、理化学研究所で寺田寅彦に師事し、その後イギリスに留学。帰国後は、北海道大学理学部教授を北海道帝国大学時代から務め、雪の研究を始める。研究の意味について、「雪は天から送られた手紙である」という言葉を残している。

また、中谷は随筆家でもあった。短編の随筆『長崎留学』では、維新の先覚者たちが、蘭学の勉強のために長崎へ行って学んだことに思いをはせる。彼らは蘭語という西洋を覗く窓から、「新しい次元の意識を得て、頭の働きの領域を拡め」ていたのだ。今となっては、すっかりその窓から見える景色が日常に内在化されてしまっている、と書いている。

**〔引用〕**――維新の先覚者たちが、蘭学の勉強のために長崎へ行ったことは今更とり立てていい出すまでもないことであろう。しかしこの長崎留学の問題はよく考えて見ると、なかなか意味の深い示唆を与えてくれる問題であるように私には思われる。（中谷宇吉郎『長崎留学』）

「中谷宇吉郎　雪の科学館」ＨＰよりhttps://yukinokagakukan.kagashi-ss.com/ukichiro/

## ⑱ 千里眼（せんりがん）

**〈意味・由来〉 遠方の出来事や将来のことを見通す神秘的な超能力。また、その力を持つ人。「千里」＋「眼」の三字熟語。「千里」は一里（約四キロメートル）の千倍で約四千キロメートルのこと。このことから、千里は、「はるか遠く」という解釈がされるようになった。「眼」には、「目」の他に、「物事を見抜く力」という意味もある。**

昭和の文豪・梶井基次郎《かじいもとじろう》は、川端康成からその才能を認められた人である。代表作『桜の樹の下には』は、「桜の樹の下には屍体《したい》が埋まっている！」から始まる。主人公の「俺」は、桜の花の美しさは、根元に埋められている動物や人間の屍体からでる水晶のような液をすすっているからだ、という。ふと、維摩経《ゆいまきょう》の泥中《でいちゅう》の蓮《はちす》を思い出す。蓮の花は、泥の中でも清らかで美しい花を咲かせる。どのような環境でも清く正しく生きることは大切である。ここに出てくる「千里眼」があったら、人生はどれほど楽だろうと思う一方で、いや、地道に生きようと思った。

**〈引用〉** ―どうして俺が毎晩家へ帰って来る道で、俺の部屋の数ある道具のうちの、選《よ》りに選ってちっぽけな薄っぺらいもの、安全剃刀の刃なんぞが、千里眼のように思い浮かんで来るのか――おまえはそれがわからないと言ったが――そして俺にもやはりそれがわからないのだが――（梶井基次郎『桜の樹の下には』）

⑲大金持ちを表す言葉。
⑳八重桜の一種で同じ読み方の名前の桜がありますね。
㉑「陰の立□者」という用法があります。

---

⑲
素
□
家

⑳
手
□
女

㉑
立
□
者

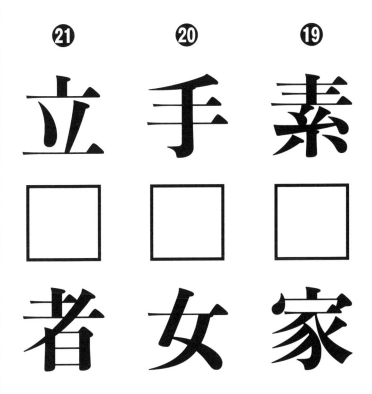

## ⑲ 素封家（そほうか）

**〈意味・由来〉 大金持ち、金満家。「素封」＋「家」の三字熟語。「素封家」の「素」は「空しい」の意味があり、「封」は、「君主から与えられる領地」の意味がある。「素封家」は、位や領地がなくても、大名と同じくらいの莫大《ばくだい》な富や資産を持っていることをいう。**

芥川龍之介は、短編小説『黒衣聖母《こくいせいぼ》』で新潟県の素封家に起こった奇怪な現象を書いている。聖母マリア像には、傷ついたイエス・キリストを抱く「ピエタ」のような慈愛を表すものが多いが、芥川の描く物語は、いわくつきの黒衣の麻利耶《マリヤ》観音像の世界である。悪意を帯びた嘲笑《ちょうしょう》を漲《みなぎ》らせて、にやりと微笑むその像は、「禍《わざわい》を転じて福となる」のではなく、「福を転じて禍とする」のだ。それには、願いを最も醜悪な形で実現させる力があるのか、祈願者を闇に突き落とし、黒い現実を引き寄せる心《しん》願成就《がんじょうじゅ》の世界が広がる。「素封家」の老婆が孫の回復を一心に願う気持ちが痛ましい。

**〈引用〉** ―この麻利耶観音は、私の手にはいる以前、新潟県のある町の稲見《いなみ》と云う素封家にあったのです。勿論骨董《こっとう》としてあったのではなく、一家の繁栄を祈るべき宗門神《しゅうもんじん》としてあったのですが。その稲見の当主と云うのは、ちょうど私と同期の法学士で、これが会社にも関係すれば、銀行にも手を出していると云う、まあ仲々の事業家なのです。（芥川龍之介『黒衣聖母』）

# ⑳ 手弱女（たおやめ／たわやめ）

**〈意味・由来〉　たおやかな女性。優雅な女性。手弱女振《たおやめぶ》りとは、女性的な優美で繊細な歌風をいう。万葉集では、「多和也女」と書いて「たわやめ」と読ませている。反対語は、益荒男《ますらお》。**

長谷川時雨《はせがわしぐれ》は、明治から昭和にかけて活躍した人で、劇作家であり、小説家でもあった。樋口一葉を敬愛し、その深さは回想録『樋口一葉』を出版するほどである。時雨は「柔風《やわかぜ》にも得堪《えたえ》ない花の一《ひと》片《ひら》のような少女、萩《はぎ》の花の上におく露のような手弱女に描きだされている女たちさえ、何処にか骨のあるところがある」と感じた。数々の作中の主人公と樋口一葉本人とを重ね合わせて通ずるところがあると気付き、それを考察しようと『樋口一葉』を著した。時雨の樋口一葉への限りない尊敬の念が伝わる。

**〈引用〉**　―柔風にも得堪ない花の一片のような少女、萩の花の上におく露のような手弱女に描きだされている女たちさえ、何処にか骨のあるところがある。（長谷川時雨『樋口一葉』）

## ㉑ 立役者（たてやくしゃ）

**〈意味・由来〉** **一座の中心となる重要な役者、俳優。物事を中心となって進める人物のこと。「立役」＋「者」の三字熟語。「立役」とは、一座の中心的な役者をいう。**

坂口安吾は『土の中からの話』にて、いつの時代も農民が歴史の立役者になってきたと書いている。表向きには皇室や寺院などが歴史の中心に居続けたと思われがちだが、実は違う。大化の改新以降、民衆に一律に支給された農地である口分田《くぶんでん》には重税がかけられた。農民はそれに耐えきれず荘園へと逃げ込む。そのために朝廷の権力が低下し、荘園領主が力をつける。かと思えば、荘園領主からの取り立てに困った農民らは、今度は豪族に助けを求める。結果として始まったのは武家が覇権を争う戦国時代だ。確かに、農民個人個人は常に虐《しいた》げられてきたが、大勢の農民の思惑によって日本が動いてきたことは紛れもない事実である。一方で、農民が搾取《さくしゅ》され続けている原因が農民にもあると安吾は指摘している。だから、農民自らが主体的に考えて行動することが必要であると。安吾が生きていたら、今の日本の有権者にも同じことを言ったかもしれない。

**〈引用〉** ――ところが貴族が都の花にうかれて地方管理を地方の土豪に委任しておくうちに、荘園の実権が土豪の手にうつって武家が興り、貴族は凋落《ちょうらく》するに至る。表向きの立役者は皇室、寺院、貴族、武家の如くであるが、一皮めくってみると、そうではない。（坂口安吾『土の中からの話』）

㉒すべてを見通す能力を表す仏教用語。
㉓この言葉から「独壇場」が生まれました。
㉔類まれなる起業家などを指します。
「前例のないこと」を表す言葉です。

---

㉒ 天□通

㉓ 独□場

㉔ 破□荒

## ㉒ 天眼通（てんがんつぅ／てんげんつぅ）

**〈意味・由来〉 普通の人では見ることができない、あらゆる物事を自由自在に見透かすことのできる神通力《じんつうりき》。すべてを見通す能力をいう。仏教用語である。六神通《ろくじんつう》の一つ。「六神通」とは、仏・菩薩などが持っているとされる六種の超人的な能力。** あとの五つは、「神足通《じんそくつう》」、「天耳通《てんにつう》」、「他心通《たしんつう》」、「宿命通《しゅくみょうつう》」、「漏尽通《ろじんつう》」をさす。六神通の呼び方は、これに限らない。

大正、昭和期の小説家である、宮本百合子の『田舎風なヒューモレスク』は、実体験が語られている。作者の家に、おみさが娘をつれて逃げ込んできた。隣家の夫婦喧嘩がエスカレートし、その夫が出刃を研ぎ始めるシリアスな状況になっている。身の危険を感じたおみさは、一泊させてほしい、と言う。その晩、作者は「まるで天眼通を授かったように、血なまぐさい光景の細目《さいもく》まで、歴然と目の前にえがかれて来た」ため一睡もできなかったとある。

結局、いつの間にか夫婦は仲直りしており、翌朝一緒に寝ていた。やはり、夫婦喧嘩は犬も食わない。

**〈引用〉** ──村の中で、この夜、村始まって初めての殺人があるかも知れないという状態はせいそうだ。私の想像はいやに活々して来た。まるで天眼通を授かったように、血なまぐさい光景の細目まで、歴然と目の前にえがかれて来た。これでは、実際あると同じこわさだ。神よ、私に眠りを授け給え！（宮本百合子『田舎風なヒューモレスク』）

# ㉓独擅場（どくせんじょう）

**〔意味・由来〕　その人だけが思う存分に振る舞うことができる場所。「独擅」＋「場」の三字熟語。「独擅場」の「独擅」とは、ある一人が自由に振る舞うことをいう。漢字の類似から「独擅」を「独壇《どくだん》」と読み間違えて、「独壇場《どくだんじょう》」というようになった。**

大正時代に活躍した菊池寛は、家が貧しく、苦学しながら京都大学を卒業する。「時事新報」で記者として働きながら『恩讐《おんしゅう》の彼方《かなた》に』『真珠婦人』などの作品を発表、新進作家としての地位を確立した。『大衆維新史読本　池田屋襲撃』に「独擅場」が使われている。

菊池寛によると、新撰組の結成当時は、「体のい、暴力団」と変わらなかったという。それが英雄視されるようになったのは、池田屋襲撃事件であろう。遅刻した会津藩を待つことなく、新撰組のみで二時間にも及ぶ大捕り物をやってのけた。まさに池田屋は、戦闘に特化した彼らの「独擅場」であり、彼らが得意になるのは当然だという。

気がつけば、近藤勇が、沖田総司が、土方歳三が華麗に立ち回る姿に思いをはせた。

**〔引用〕**　――「（中略）翌六日昼九つ時（正午）人数引揚申候。前代未曽有《みぞう》の大珍事に御座候」以上の通《とほり》、池田屋襲撃は、殆んど新撰組の独擅場で、彼等が得意になるのは当然だらう。近藤の家書は、以下続いてゐる。（菊池寛『大衆維新史読本　池田屋襲撃』）

# ㉔ 破天荒（はてんこう）

**〈意味・由来〉　これまでに誰も成し遂げられなかったことを成功させること。前代未聞。未曽有。「破」＋「天荒」の三字熟語。**

太宰治は『チャンス』の中で、恋愛はチャンスではなく、意志であると説く。世間では「人生はチャンスだ。結婚もチャンスだ。恋愛もチャンスだ」と、したり顔で教える苦労人が多いがそれは違うのだ、と。結局、愛とは性欲である、と自らの体験談を披露する。

太宰が高等学校に入った翌年の大寒の頃、四、五十人の宴会が開かれた。そこでおしのという芸者に出会う。宴会の後、彼女がお抱え芸者として働く料亭に案内された太宰は、二人の朋輩《ほうばい》の前で「このひとを好きになる事にしました」と公開告白を受けるが、当の太宰は運ばれてきた雀焼きに気を取られていた。寒い時期で脂ののった雀焼きは芸者からの告白よりも魅力的だったのだ。夜も更けて、下宿から締め出された太宰は、またしてもおしのの紹介で旅館に案内される。「あたしを、いやなの」と迫るおしの。だが、太宰は雀のことしか頭にない。結局、おしのとは何も起きなかった、という。

**〈引用〉**　――ましてや「恋愛至上主義」など、まあなんという破天荒、なんというグロテスク。「恋愛は神聖なり」なんて飛んでも無い事を言い出して居直ろうとして、まあ、なんという図々《ずうずう》しさ。「神聖」だなんて、もったいない。（太宰治『チャンス』）

佐々木小次郎、義経などを演じる役者には
㉕のイメージの方が多いですね。
㉖ゆったりした暮らしぶりに憧れます。
㉗大切な一人っ子を指すときに使います。

---

㉕ 美□夫

㉖ 左□扇

㉗ 一□種

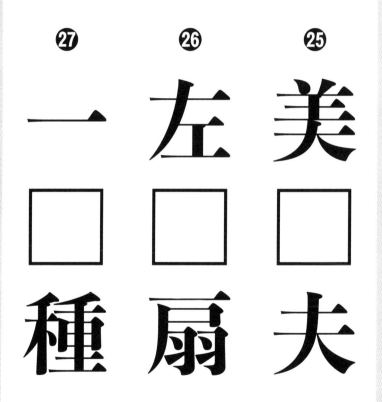

## ㉕ 美丈夫（びじょうぶ）

**〔意味・由来〕 容姿の整った美しい若者。立派で美しい若者。「美」＋「丈夫」の三字熟語。「丈夫」とは、一人前の男子の美称。心身ともにすぐれた男のこと。**

太宰治の短編小説『逆行』は、第一回芥川賞の候補作となったが、惜しくも落選する。『逆行』は、『蝶蝶』『盗賊』『決闘』など四編の短編。哀れな高等学生を描いた『決闘』では、主人公の「私」は自身をゆったりとした「美丈夫」だと称《とな》える。「私」は「ある男を殺したい」思いから決闘をすることになる。場所は「ひまわり」という小さなカフェ。決闘相手は、隣のテーブルに座った若い男で、角刈の小さい頭でうすい眉に一重瞼《ひとえまぶた》の三白眼《さんぱくがん》と、蒼黒い皮膚を持ち、身丈《みのたけ》は「私」より五寸ほど低い。原因はすべて「私」にあった。茶化すつもりで彼の酒を盗んで飲み干したからだ。酔いどれの悪ふざけとして苦笑されるくらいが関の山だと、高をくくっていた「私」に、はじめは歓待していたカフェの女性店員たちでさえ、決闘相手の肩を持つようになる。勝敗は明確。殴られて泥まみれになる「私」。「私」には、もはや「美丈夫」の面影はなかった。

**〔引用〕** ―金色の額縁におさめられてある鏡を通りすがりにちらと覗《のぞ》いた。私は、ゆったりした美丈夫であった。鏡の奥底には、一尺に二尺の笑い顔が沈んでいた。私は心の平静をとりもどした。自信ありげに、モスリンのカアテンをぱっとはじいた。（太宰治『逆行』）

## 26 左団扇（ひだりうちわ）

**〈意味・由来〉　生活が安泰であることのたとえ。「左」＋「団扇」の三字熟語。一般的に利き手は右利きの人が多いので、団扇も右手で使われることが多い。利き手ではない左手で団扇を使うと、動きがゆっくりとしているように見える。それが、あくせく働かなくても、ゆったり生活をしているように見えるので、「左団扇」と言うようになった。**

団扇は、中国から入ってきた物で、元は扇子状《せんすじょう》で丸い形をしていたが、日本で今のような形に工夫された。昭和の文豪、織田作之助は、芥川賞候補になった『俗臭《ぞくしゅう》』や『夫婦善哉《めおとぜんざい》』で一躍人気作家になった。親の借金のためにカフェで働いていた一枝に一目惚れした織田は、監禁状態の一枝を仲間と共に救い出して後に妻にするなど、名実ともに無頼漢《ぶらいかん》であった。『夫婦善哉』は、逆境に負けずに力強く生きる人気芸者の蝶子《ちょうこ》と、憎めない柳吉の物語である。「左団扇」は、蝶子が天ぷら屋の娘として育ち、小さな頃から贅沢《ぜいたく》とは無縁な家庭環境で育ったことがわかる冒頭の情景で使われている。

**〈引用〉**—種吉の手に五十円の金がはいり、これは借金払《ばら》いでみるみる消えたが、あとにも先にも纏《まと》まって受けとったのはそれきりだった。もとより左団扇の気持はなかったから、十七のとき蝶子が芸者になると聞いて、この父はにわかに狼狽《ろうばい》した。（織田作之助『夫婦善哉』）

## ㉗ 一粒種（ひとつぶだね）

**〈意味・由来〉　たった一人の大切な子ども。「一粒」＋「種」の三字熟語。**

泉鏡花の遺作『縷紅新草《るこうしんそう》』は、三島由紀夫が、「神仙《しんせん》の作品だと感じてもいいくらいの傑作だと思う」と評し、「すばらしい作品、天使的作品！」だと感嘆していることが、澁澤龍彦『三島由紀夫おぼえがき』（中央公論新社）に書かれている。

主人公は、若くして自ら命を絶った初路《はつじ》さんのお墓参りに行く。初路さんは千五百石の邸に生まれるという「一粒種」のお嬢様だったが、不幸が次々襲い掛かり、生前のみならず、死後も不遇な扱いを受ける。彼女の境遇、それを慮《おもんぱか》る登場人物の行動に胸が打たれる。

**〈引用〉**　―それどころじゃありません。その糸から起った事です。千五百石の女臈ですが、初路さん、お妾腹《めかけばら》だったんですって。それでも一粒種、いい月日の下《もと》に、生れなすったんですけれど、廃藩以来、ほどなく、お邸は退転、御両親も皆あの世。お部屋方の遠縁へ引取られなさいましたのが、いま、お話のありました箔屋なのです。（泉鏡花『縷紅新草』）

㉘「業界の風□児」のように使います。
㉙イチロー選手は、不□出の天才です。
㉚「不□転の覚悟」など、信念を感じさせる言葉です。

---

㉘
風
□
児

㉙
不
□
出

㉚
不
□
転

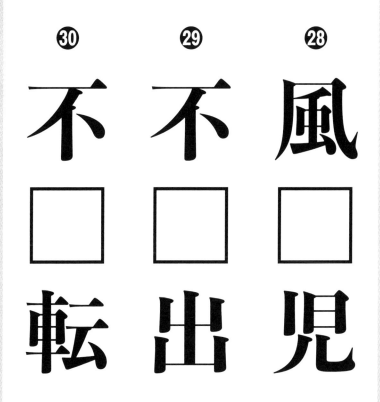

# ㉘ 風雲児（ふううんじ）

**〔意味・由来〕　社会の変動や革命などの変動期に乗じて活躍する人。英雄。「風雲」＋「児」の三字熟語。「風雲」とは、風や雲などの自然や英雄が頭角を現す好機をいう。「児」には、子どもの他に、青年や若者という意味がある。**

大正の文豪、石川啄木による随筆『初めて見たる小樽』では、小樽に来て自由な空気感を発見した感動が描かれている。啄木は、寺の住職の一人息子として生まれ、文学を志したものの全く売れなかった。北海道では、小学校の代用教員をしながら、函館日日新聞社の記者をしたが、函館大火により勤務先の小学校・新聞社が焼失する。その後、小樽日報の記者になった啄木が、小樽日報の創刊号に初めて掲載した随筆がこれである。北海道を開拓した人たちを「風雲児」という言葉で賞賛している。

**〔引用〕**　―ここにおいて、精神界と物質界とを問わず、若き生命の活火を胸に燃した無数の風雲児は、相率《ひき》いて無人の境に入り、我みずからの新らしき歴史を我みずからの力によって建設せんとする。植民的精神と新開地的趣味とは、かくて驚くべき勢力を人生に植えつけている。（石川啄木『初めて見たる小樽』）

# ㉙ 不世出（ふせいしゅつ）

**〔意味・由来〕　まれにしか世に現れないほど非凡で優れていること。「不世出」の語源は、中国の『史記』だと言われる。**

『風流仏《ふうりゅうぶつ》』『五重塔』で名声を高めた明治の文豪、幸田露伴《こうだろはん》は、尾崎紅葉と共に近代文学史上に紅露時代を築いた。露伴は、芸者からも人気を博した色男であったそうだ。

評論『骨董』で露伴は、骨董品を「不換紙幣」と言い換える。戦国時代には、その発行権は千利休の手に委ねられていた。西郷隆盛や大隈重信が出した不換紙幣はすぐに価値が下がったが、千利休の出した不換紙幣はその後、何百年経ってもその価値は保たれたままだという。利休の評価が世間の評価となり、一世は利休に追随した。これは利休が「趣味の世界においては先ず以て最高位に立つべき不世出の人であった」からであるという。

本物の骨董品にはどこか威厳がある。ただ、それを見抜けず、いつも贋作《がんさく》に惑わされてしまうわが身が、なんともおかしい。

**〔引用〕**　―勿論利休は不世出の英霊漢である。兵政の世界において秀吉が不世出の人であったと同様に、趣味の世界においては先ず以《もっ》て最高位に立つべき不世出の人であった。（幸田露伴『骨董』）

# ㉚ 不退転（ふたいてん）

**〔意味・由来〕 仏教用語。ひたむきに仏道の修行に努め、悟りを得た境地から後退しないこと。志を簡単に曲げないこと。不退と同じ意味。「不」＋「退転」の三字熟語。「不退転」の反対語は「退転」で、仏道において悟りから後退することをいう。**「不退」と「退転」が結合して「不退転」になったという説もある。

芥川龍之介の短編小説『毛利先生』にでてくる毛利先生は「不退転」そのものの人である。主人公の「自分」に友人が中学時代の回想をしながら、話は展開していく。急死した教師の代わりに来た中学時代の英語教師「毛利先生」はひたむきな人である。が、友人を含めた多くの学生が嘲笑《ちょうしょう》したり、侮蔑《ぶべつ》したりする。数年後、夜のカフェで、熱心に給仕たちに英語を教える毛利先生を偶然見かけた友人は、かつての毛利先生への振る舞いを後悔する。毛利先生の不器用ながらも健気な人格を認めつつ、「不退転」な教育者としての行動を尊敬していく心情変化が興味深い。

**〔引用〕** ―元よりそう云う苦しみの中にも、先生は絶えず悠然たる態度を示しながら、あの紫の襟《ネク》飾《タイ》とあの山高帽《やまたかぼう》とに身を固めて、ドン・キホオテよりも勇ましく、不退転の訳読を続けて行った。（芥川龍之介『毛利先生』）

㉛同じ四股名の関取「益□雄」でした。
㉜歌舞伎や新劇などの芝居を見慣れた見□者なお客さんは、
役者と一緒に素晴らしい舞台空間をつくっていますね。
㉝映画「Star Wars」に登場するヨーダのような長老を
敬意を払ってこう呼びます。

---

㉛
益
□
男

㉜
見
□
者

㉝
老
□
家

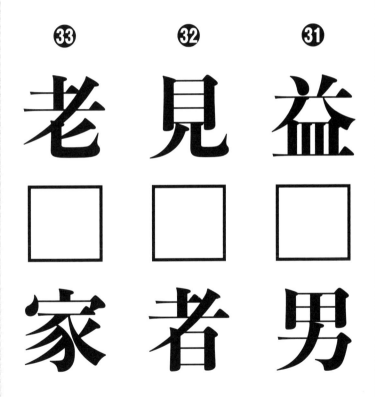

# ㉛ 益荒男（ますらお）

**〔意味・由来〕　たくましくて立派な男性。「丈夫」とも書く。雄々しい神や男性をいう。「益荒」＋「男」の三字熟語。「益荒神《ますらかみ》」の略語。奈良時代には、官僚の男性を指した語。反対語は、手弱女《たおやめ》。**

「益荒男」には、「丈夫」や「ますらお（を）」のようにいくつかの表記がある。『万葉集』に大伴《おおともの》旅人《たびと》が遊女の児島に送った歌は「ますらお（を）と念へる吾や水茎の　水城の上に涙拭はむ」とあり、森鴎外が童話作家のアンデルセンの小説『即興詩人』を翻訳したものには「丈夫」とある。「益荒男」と書かれた文献を探したところ、『益荒男の神々』（原知遙《はらちはる》）を見つけた。『古事記』や『日本書紀』に出てくる男神の所業や名前の由来などが多く記されるその本には、『古事記』のはじめに出てくる天之御中主神《アメノミナカヌシノカミ》が宇宙の中心にあり、全世界を支配して君臨する存在としている。私たちが暮らす日本列島には多くの神様の伝説がある。有名なのは伊邪那岐神《イザナギノカミ》、伊邪那美命《イザナミノミコト》の両神が天沼矛《あめのぬぼこ》で海をかき回して、次々と島を作っていった国生み神話であろう。天地創造の物語は、今でも時を刻み続けている。

**〔引用〕**　―前作の「神代の女神」に続いて第二弾となった本書「益荒男の神々」は、男神に焦点を当てました。日本人の精神を形作ってきたのは、女神だけではなく男神の貢献が最大にあったからです。（原知遙『益荒男の神々』梓書院）

## ㉜見巧者（みごうしゃ）

**〈意味・由来〉芝居などのものの見方が達者なこと。また、その人。「見」＋「巧者」の三字熟語。「巧者」は、「こうしゃ」と読み、技や芸に巧みなことやその様子やその人のことを表す。**

演劇界に、新人劇作家の登竜門であり、「演劇界の芥川賞」と呼ばれる岸田國士《きしだくにお》戯曲賞がある。主催の白水社によると、劇作家・岸田國士の遺志を顕彰《けんしょう》し、新人劇作家の奨励と育成を目的にした賞だという。歴代の受賞者は、別役実、唐十郎、井上ひさし、野田秀樹、鴻上尚史、平田オリザ、三谷幸喜、宮藤官九郎など、名だたる顔ぶれである。岸田國士は、陸軍士官の長男として生まれ、陸軍士官学校を経て少尉として任官後、東京帝大文科に入学。フランスにわたり演劇を学ぶが、父が亡くなり帰国。その後、文学座の創立に関わった。『演劇への入口』に、芝居は「感じる」部分が大きい。だから「考え込まず、先入見を持たずに、素直に舞台の印象を受け取るようにすべき」だとある。そうか、素直に舞台を見ることが「見巧者」への近道なのか。舞台の楽しみ方をまた一つ見つけた。

**〈引用〉**――「おもしろい芝居」は、どこかに「いいところ」がある芝居にちがいない。その「いいところ」とは、どういうところかを、自然に会得したものが、いわゆる「見巧者」である。（岸田國士『演劇への入口』）

「白水社」ＨＰより　https://www.hakusuisha.co.jp/news/n12250.html

## ㉝老大家（ろうたいか）

〔意味・由来〕 **長年の経験を積んで誰からも尊敬を集めるその道の大家のこと。**

太宰治の作品には「老大家」という三字熟語がよく出てくる。『春の盗賊』をはじめ、『狂言の神』『作家の像』『三月三十日』『渡り鳥』『自作を語る』、そして遺作の『グッド・バイ』もである。『如是《にょぜ》我聞《がもん》』では、「老大家」をこき下ろす。「老大家」の対象は「小説の神様」と呼ばれるほどの文豪・志賀直哉。志賀直哉が太宰の作品について『とぼけていていやだ』といったことに始まるらしい。腹を立てた太宰は、随筆『如是我聞』で、志賀の名前を伏せて「老大家」と表して批判文を掲載するが、志賀がそれに反論。これに激高した太宰は、今度は志賀を名指しで辛辣《しんらつ》に批判している。志賀の名作『暗夜行路《あんやこうろ》』には、「何処がうまいのだろう。ただ自惚れているだけではないか。風邪をひいたり、中耳炎を起したり、それが暗夜か。実に不可解であった」など、相手を叩き潰そうとする辛辣な言葉を羅列する。悪口もここまでくれば芸術になるのか。恐ろしきは言霊《ことだま》の力、である。

〔引用〕 ――或る「老大家」は、私の作品をとぼけていていやだと言っているそうだが、その「老大家」の作品は、何だ。正直を誇っているのか。何を誇っているのか。その「老大家」は、たいへん男振りが自慢らしく、いつかその人の選集を開いてみたら、ものの見事に横顔のお写真、しかもいささかも照れていない。まるで無神経な人だと思った。（太宰治『如是我聞』）

第2章

# 使うとかっこいい三字熟語

『戯言じゃないさ。そのうちに目が覚めたから夢も覚めて了《しま》ったんだ。ハッハハ』『酷《ひど》い男だ、君は』『だってそうじゃないか。そう何年も続けて夢を見ていた日にゃ、火星の芝居が初まらぬうちに、俺の方が腹を減らして目出度《めでたく》**大**□**円**になるじゃないか、俺だって青い壁の涯《はて》まで見たかったんだが、そのうちに目が覚めたから夢も覚めたんだ』（石川啄木『火星の芝居』）

㉞奈良の興福寺の国宝・「阿□羅像」は有名ですね。
㉟「過ぎたるはなお及ばざるが如し」が由来です。
㊱ヒンドゥー教の神「ガネーシャ」が由来です。

---

㉞
阿
□
羅

㉟
過
□
及

㊱
歓
□
天

# ㉞阿修羅（あしゅら）

〔意味・由来〕　古代インドの神のこと。インド神話では、**血気盛んで戦いを好む悪神とされるが、仏教では仏教擁護の神ともいわれ、異なった解釈がある。修羅。**元は古代インド語「asura」の音を写し取ったことから「阿修羅」になった。奈良の興福寺の国宝・阿修羅像が有名。

昭和五十六（１９８１）年、取材旅行中の台湾で飛行機事故に遭い、帰らぬ人となった向田邦子。当時、それを大きく扱う新聞紙面から、『阿修羅のごとく』という番組名が思い浮かんだ。ＮＨＫ総合（１９７９年・１９８０年）で放送された人気ドラマは、脚本が文庫化。２０００年代に入ると、映画化や舞台化された。年老いた父親に愛人と子どもがいると知った四姉妹は、母親のふじを気遣い、対策を話し合う。だが、彼女たちも各々深刻な問題を抱えていた。いつも夫の健康を心配する母のふじは温厚な人である。が、一変して阿修羅になる情景は圧巻。誰にも阿修羅が隠れている。

〔引用〕　―ふじ「でんでん虫々かたつむり」ポケットの中からミニ・カーがひとつ、ころがり出る。ふじ、黙って、手のひらにのせてしばらく見ている。ふじ「お前のあたまはどこにある」ふじ、タタミの上を走らせたりする。いきなり、そのミニ・カーをふすまに向って、力いっぱい叩きつける。襖の中央に、食い込むように突きぬけるミニ・カー。おだやかな顔が、一瞬、阿修羅に変る。（向田邦子『阿修羅のごとく』岩波現代文庫）

## 35 過不及（かふきゅう）

**〔意味・由来〕** **多すぎること、あるいは、少なすぎること。「過」＋「不及」の三字熟語。「過」は、ある一定の範囲を超えること。「不及」は及ばない、届かないこと。「過不足」と同意。「過ぎたるはなお及ばざるが如し」からの由来。「過不及ない」は、適度でちょうどよい状態。**

芸術家・岡本太郎の母、岡本かの子は、あまたの情愛を重ねて生きた女性である。夫と息子と彼女の愛人と一つ屋根の下で同居したこともあるという。短編小説『過去世《かこぜ》』には、かの子の友人、雪子の持ち家にまつわる奇妙な話を描いている。かの子が、旧友の雪子の自宅に招かれて晩餐を共にしながら、彼女の胸の内を慮る場面で「過不及」が使われる。ある日、彼女は、疎遠になっていた雪子からの電話で、新居の蛍見物に招待される。その家は薄気味悪かったが、我慢しながらプロが作る晩餐に感嘆していると、「この家に就いて不思議な因縁話があるの」と雪子は、元々の持ち主である奇矯《ききょう》な親子兄弟について語りだす。話し終わって、ほっとする雪子。意外な顛末《てんまつ》のせいか、かの子の言葉は見あたらない。スッキリしない結末である。

**〔引用〕**　――「――何かして紛らしてゐなければ――独身女はしじゅう焦々《いらいら》しますのよ」さう云つて友はちよつと眉《まゆ》を寄せたが、友の内心には何処《どこ》かさとりめいた寛《くつろ》いだ場所が出来、一脈の涼風が過不及なしの往来をしてゐるらしくも感じられる。（岡本かの子『過去世』）

# ㊱ 歓喜天（かんぎてん）

**〈意味・由来〉 仏教の守護神の一つ。ヒンドゥー教の神（ガネーシャ）が仏教に取り入れられた。除災の役割を持ち、財宝、子宝、安産の神として信仰される。**頭が象、身体は人間の姿をしており、単身像と男女双身像で表されている。歓喜自在天《かんぎじざいてん》、大聖歓喜天《だいしょうかんぎてん》、聖天《しょうでん》とも呼ばれる。

織田作《おださく》の愛称で大衆から愛された無頼派の織田作之助。随筆『大阪発見』には、大阪人のもつユーモアやぬくもりの伝わるエピソードが並ぶ。代表作『夫婦善哉《めおとぜんざい》』にも登場する法善寺。浅草寺が「東京の顔」ならば、法善寺は「大阪の顔」である。

法善寺は「神仏のデパート」で「信仰の流行地帯」、「迷信の温床」であるという。「歓喜天」をはじめ、多くの神様が祀られるこの寺は、なんでも来い、なのだという。何を拝んだら何に効くのか、でもわからないらしい。大阪人はユーモアを愛し、ユーモアを解し、ユーモアを創る。寄席「花月」に、「正弁丹吾亭《しょうべんたんごてい》」、大阪らしい屋号が並ぶ。織田作を読むと、ふらりと大阪を歩きたくなる。法善寺の「歓喜天」にも参ってみよう。

**〈引用〉** ―ここはまるで神仏のデパートである。信仰の流行地帯である。迷信の温床である。たとえば観世音がある。歓喜天がある。弁財天がある。稲荷大明神がある。弘法大師もあれば、不動明王もある。なんでも来いである。ここへ来れば、たいていの信心事はこと足りる。（織田作之助『大阪発見』）

㊲がらがらのお店には、「閑□鳥」が鳴いていますね。
㊳さだまさしさんのオリジナル・アルバムの
タイトルにもなりました。
㊴敵地に侵攻する拠点を表す言葉。

---

㊲
閑
□
鳥

㊳
帰
□
来

㊴
橋
□
堡

## 37 閑古鳥（かんこどり）

**〈意味・由来〉　カッコウの別名。カッコウは、他の鳥の巣に卵を産んで育ててもらう托卵《たくらん》の習性がある。「閑古鳥が鳴く」は、客足が途絶えて商売がはやらない様子をいう。**

うき我をさびしがらせよかんこどり　芭蕉

憂《うれ》いに沈んでいる私をさらに寂しがらせてくれ、それによって一層心が澄み切るように。（幻住庵《げんじゅうあん》の記・嵯峨日記 現代語訳付 Kindle版 上妻純一郎（翻訳）古典教養文庫（2015/4/15））

『嵯峨日記』は、芭蕉が四十八歳の時、元禄四（1691）年四月十八日から五月四日まで、京都嵯峨野にある向井去来《むかいきょらい》の別荘、落柿舎《らくししゃ》滞在中に綴った芭蕉の唯一の日記である。

また、独特の三行詩の技法を用いて表現した大正時代の文豪、石川啄木の『悲しき玩具』にも「閑古鳥」が出てくる。日常の些事《さじ》を拾い集めた歌には、啄木の衰えていく心と体の悲しみがあふれている。芭蕉も啄木もそれぞれに聞いた場所は違う。「閑古鳥」の鳴き声は哀愁を奏でる芸術である。

**〈引用〉**　―いま、夢に閑古鳥を聞けり。閑古鳥を忘れざりしが　かなしくあるかな。ふるさとを出《い》でて五年《いつとせ》、病《やまひ》をえて、かの閑古鳥を夢にきけるかな。

閑古鳥――　渋民村《しぶたみむら》の山荘《さんさう》をめぐる林の　あかつきなつかし。（石川啄木『悲しき玩具』）

## ㊳ 帰去来（ききょらい）

**〔意味・由来〕　官職を退き、郷里に帰るために、ある地を去ること。その心境。由来は、中国の六朝時代の東晋の詩人、「陶淵明《とうえんめい》」の「帰去来辞《ききょらいのじ》」から来ている。**冒頭の句の「帰りなんいざ」は有名。

太宰治の自伝的小説に、「帰去来」をテーマにした短編小説が二編ある。一作目の『帰去来』は、勘当除籍《かんどうじょせき》、家郷《かきょう》追放《ついほう》の作者が、二人の恩人による計らいで十年ぶりに青森に帰省した時、母や祖母との再会の情景が描かれている。二作目の『故郷』は、帰郷から約一年後、「母危篤の知らせ」を受けた作者が、妻と娘と共に改めて帰郷する情景を描く。病気の母との対面や実兄たちとの和解の場面は、実録に近いそうだ。この二編は、太宰の代表作の一つである『津軽』につながる。太宰が作家として成功している時期の作品だからか、家族と共に帰郷する姿にゆとりを感じる。自虐的な太宰の視点もどこかやさしい。ふるさとの持つ果てしない癒しのエネルギーを再確認した。

**〔引用〕**　―昨年の夏、私は十年振《ぶ》りで故郷を見た。その時の事を、ことしの秋四十一枚の短篇にまとめ、「帰去来」という題を附けて、或る季刊冊子の編輯部《へんしゅうぶ》に送った。その直後の事である。れいの、北さんと中畑さんとが、そろって三鷹の陋屋《ろうおく》へ訪ねて来られた。そうして、故郷の母が重態だという事を言って聞かせた。（太宰治『故郷』）

# ㊴橋頭堡（きょうとうほ）

〔意味・由来〕　**橋を直接守るために必要な所に構築する陣地。渡河《とか》作戦、上陸作戦の際の攻撃拠点。**

１９５０年、図書館法が成立した。昭和の初めから中頃にかけて、評論家や社会運動家として活躍した中井正一《なかいまさかず》は、『図書館法ついに通過せり』で「一つの橋頭堡を、われらの永い文化の闘いにおいて、かちえた」と称賛している。

戦前、図書館は入館料が必要であり、エリート層のためのものだったが、この法により、現在に続く無料の図書館の整備が加速した。中井は、「敗戦の四年、物質方面の多少の恢復《かいふく》にもかかわらず、精神方面の傷の深さは、むしろその口をひろげつつある。」といい、「読書力の減退を見よ、青少年の知的飢渇《ちてききかつ》を見よ、出版界の崩壊現象を見よ。」と警鐘を鳴らす。全国民に知識や思想を普及させる「橋頭堡」としての図書館の役割と恩恵は、現在でも計り知れないものがあろう。

〔引用〕　―勿論われわれは、未だ多くの夢をもっている。しかし、かかるかたちにおいて、一つの橋頭堡を、われらの永い文化の闘いにおいて、かちえたことは、現段階の酷薄な情勢のなかにあっては、一つの前進であり、記念すべき、勝利への第一歩であるというべきである。（中井正一『図書館法ついに通過せり』）

㊵極めて小さいことを「芥□粒のような」と表現しますね。
㊶二葉亭四迷の猫は、ひと際食い意地のはった「健□家」でした。
㊷デートの待ち合わせ、遅刻の限界は「小□時」？

---

㊵
芥
□
粒

㊶
健
□
家

㊷
小
□
時

# ㊵芥子粒（けしつぶ）

**〔意味・由来〕** **ケシの種子。極めて小さいもののたとえ。**「**芥子**」＋「**粒**」の三字熟語。「**芥子**」**は、ケシ科の二年草。未熟な実から阿片《あへん》がとれるため、栽培は厳しく制限されている。**「芥子」は「からし」とも読み、カラシナの種子をひいて作った黄色の辛い香辛料をいう。「粒」は丸くて小さい物。

破滅的な思考の持ち主である太宰治は、随筆『困惑の弁』で自身のプライドを「芥子粒」に例えている。ある雑誌の懸賞会から原稿を依頼された太宰は、困惑する。明日の漱石、鴎外、ゲーテを志して天下に名を成そうとする読者に向けて書くことに困惑する。自分が大家ではなく悪名高い作家であるからだという。自嘲《じちょう》気味な太宰の文章を批判する声も多いが、「万事、あせってはならぬ。漱石は、四十から小説を書いた」「望みは高いほどよいのである」とさりげなく力強い言葉が続く。自虐の言葉の数々の中に、きらりと光る珠玉の言葉。太宰治が「芥子粒」などとは、とんでもない。膨大な自尊心が見え隠れする。

**〔引用〕**　—私は今まで、なんのいい小説も書いていない。すべて人真似である。学問はない。未だ三十一歳である。青二歳である。未だ世間を知らぬと言われても致しかたが無い。何も、無い。誇るべきもの何も無いのである。たった一つ、芥子粒ほどのプライドがある。それは、私が馬鹿であるということである。（太宰治『困惑の弁』）

# ㊶健啖家（けんたんか）

**〔意味・由来〕　なんでもよく食べる人のこと。旺盛な食欲がある人。「健啖」＋「家」の三字熟語。「健啖」は、食欲が旺盛でよく食べること。**「家《か》」と読むときには、その道のすぐれた人や、そのような性質を持つ人を表す。

明治から大正期の評論家・内田魯庵《うちだろあん》の『二葉亭余談』には、二葉亭四迷《ふたばていしめい》の人となりが描かれている。猫をこよなく愛した二葉亭。その様子が微笑ましい。特に、「白いムクムクと肥った大きな牝猫《めすねこ》が、いつでも二葉亭の膝の廻りを離れなかったものだ」とあり、「二葉亭はお祖父さんが孫を可愛がるようにホクホクして甘やかしていた」と描かれる。二葉亭の猫は、ひと際食い意地のはった健啖家で、客人の食事もわが物顔で大胆に食べようとする。それを行儀悪いと言いながらも、猫を愛で、「人間の道徳で猫を縛ろうとするのは人間の我儘《わがまま》」だと言ったそうだ。「健啖家」の飼い主と「健啖家」のペットの絆に、ペットは飼い主に似るのだと、納得した。

**〔引用〕**　――が、この腕白《わんぱく》猫めは頗《すこぶ》る健啖家で、少《ちっ》とやそっとのお裾分《すそわけ》では満足しなかった。刺身《さしみ》の一と皿位は独り占めにベロリと平らげてなお飽足らずに、首を伸ばして主人が箸《はし》に挿《はさ》んで口まで持って行こうとするのをやにわに横取りをする。すると二葉亭は眼を細くして、「ドウモ敏捷《すばしっ》こい奴《やっ》だ！」と莞爾々々《にこにこ》しながら悦に入ったもんだ。（内田魯庵『二葉亭余談』）

## ㊷小半時（こはんとき）

**〔意味・由来〕　昔の一時《いっとき》の四分の一のこと。三十分。**

日本には、古くから海に住む妖怪―海坊主伝説がある。夜になると、凪《な》いでいた海面が突如荒れだし、坊主頭の巨人が現れるという。泉鏡花の描く『海異記《かいいき》』にはぎょっとさせられた。漁師の松五郎は、家族のために荒波を漕いで海に出る。妻のお浪は乳飲み子を守りながら、夫の帰りを待っている。そこへ近所の少年、三之助が遊びに来て話は始まる。三之助は、お浪に海で起こった奇怪な出来事を事細かに伝えた。どこからともなく聞こえる声に、船員のほとんどが寒気を覚えた。小半時ごとに勇敢な漁師が海に潜り確かめようとしたが、正体がわからない。だが、終いには人魂が現れた。三之助が帰った後、お浪がふと戸口を振り返ると、そこには得体の知れない入道がいた。握り飯をやるお浪に、その入道は、子どもの命をくれ、という。動転するお浪。母親にとって赤ん坊の命は、何にも代えがたいもの。お浪の気持ちを思うと胸が痛んだ。結末の松五郎の登場にホッとする。気がつくと、鏡花の世界にどっぷりとはまり込んでいた。

**〔引用〕**　―来やがった、来やがった、陽気が悪いとおもったい！　おらもどうも疝気《せんき》がきざした。さあ、誰ぞ来てやってくれ、ちっと踞《しゃが》まねえじゃ、筋張ってしょ事がない、と小半時でまた理右衛門爺《じい》さまが潜っただよ。―（泉鏡花『海異記』）

㊸あまり耳にしない言葉かもしれませんが、
これをされたら「こわ〜」ですね。
㊹もともとは薬を調合するときの分量の加減のこと。
㊺野球のスコアではありません。

---

㊸

強
□
判

㊹

匙
□
減

㊺

三
□
対

# ㊸ 強談判（こわだんぱん）

**〔意味・由来〕 非常に厳しい姿勢で相手に迫り、自分の主張を通すこと。強い態度で行う談判。「強」＋「談判」の三字熟語。「談判」とは、物事の決まり事を作る、けりをつけること。**

島崎藤村に認められた作家、牧野信一は、私小説の作風で文壇に登場した人である。『捜語《そうご》』は、作者が登場人物の「あの人」から助けを求める電報を受け取ったことから始まる。駆けつけると、「あの人」は二人の荒武者から、「強談判」を持ちかけられ、酒を無理強いされて困っており、埒《らち》があかない。五升もの酒を飲んではじめて酔い始めると豪語する荒武者二人。そんな二人を「あの人」はなんとかなだめすかし、共に盃を交わし続けることで場をしのいでいた。気がつけば日も暮れ、さすがの荒武者達も限界を迎えるが、「あの人」は酒を求め続け、終いには荒武者が逃げ出して、命辛々身を隠してしまう。身の程知らずのならず者が、最初にけしかけて「強談判」を求めながらも逃げ出す様子がおもしろい。

**〔引用〕** ―ある時私が、電報で応援を求とめられて駆けつけて見ると、あの人は二人の荒武者に詰め寄られて、或る手ごわい談判に攻められてゐる最中でした。あの人は仕切に盃を傾けながら何かと弁明を続けてゐました。荒武者は茶飲み茶碗か何かで酒をあをりながら、あの人を、おどしたり、すかしたり、様々に弁舌を弄して強談判を持ちかけてゐるのですが、決して埒があきません。(牧野信一『捜語』)

## 44 匙加減（さじかげん）

**〔意味・由来〕　薬の調合をするときの分量の加減のこと。元は医者が匙で薬を調合するときの分量の具合から来ている。そこから派生して、料理の味付けや、人への配慮の具合を表す言葉としても使われるようになった。**

泉鏡花『薬草取《やくそうとり》』で、主人公の青年は花売女と偶然に出会う。大切な人のために薬草を取りに来ていた主人公は、その娘と道連れになり、一緒に山道を歩いていると、青年が幼少の頃、薬草を求めて山をさまよい、ある娘に救われた体験を思い出す。その中で、匙加減の大切さを痛感する場面がある。主人公は、母の大病を治すために、日々薬局へ薬を受け取りに行くが、そこの薬剤師の匙加減がなんとも怪しかった。そんな人に大切な母の薬の調合を任せきることができないと判断し、自分で覚え、後に誰よりも正確に薬の調合ができるようになったという。匙加減は重要だとはよく言われるが、それが人命に関わるのならなおさらだ。

**〔引用〕**　—私がちょこちょこ近処《きんじょ》だから駈出《かけだ》しては、薬取《くすりとり》に行《ゆ》くのでしたが、また薬局というのが、その先生の甥《おい》とかいう、ぺろりと長い顔の、額《ひたい》から紅《べに》が流れたかと思う鼻の尖《さき》の赤い男、薬箪笥《くすりだんす》の小抽斗《こひきだし》を抜いては、机の上に紙を並べて、調合をするですが、先ずその匙加減が如何《いか》にも怪《あや》しい。（泉鏡花『薬草取』）

## ㊺ 三幅対（さんぷくつい）

**〔意味・由来〕** **三つで一組の掛物《かけもの》。掛物とは、室内鑑賞のために作られた書や画のことで、壁や床の間に掛ける。掛物の一つに掛軸がある。**掛物の「三幅対」は、中心に本尊《ほんぞん》を描き、両脇に二菩薩が描かれている。他にも、三つ揃って初めて一組になることにも使われる。

寺田寅彦は、明治から昭和にかけて、物理学や俳句など広い分野で活躍した人である。随筆『三斜《さんしゃ》晶《しょうけい》系』の中の三上戸《じょうご》は、ある日の食堂の場面から始まる。作者は、反対側に座ってウナギ丼を待つ三人組の会社員の会話が耳に入る。談笑する様子に、笑いには、かなり規則正しい周期性があることを見出し、「未来の生理学的心理学者の研究題目の一つにはなりそうだ」と思う。違う席では、老人と店員のやりとりの中で、老人のやりきれない怒りを見つける。それを見て、老いることにさびしさを覚える自分を発見する。最後にはすべてを俯瞰《ふかん》しながらも、「食堂の中に期せずして笑い上戸おこり上戸泣き上戸三幅対そろった会合があった」と滑稽な事実に気づいている。何気ない日常の生活に、笑いと怒りと泣きの場面を見出して「三幅対」と表現する作者の言葉の巧みさに視点が変わる。

**〔引用〕** ―こんな事をうかうか考えている自分を発見すると同時にまた、現在この眼前の食堂の中に期せずして笑い上戸おこり上戸泣き上戸三幅対そろった会合があったのだという滑稽《こっけい》なる事実に気がついたのであった。（寺田寅彦『三斜晶系』）

㊻大いに熱弁をふるうさま。

㊼「思い立ったら吉日」、そんなときの気持ちを表す言葉。

㊽「上□物」の器は、料理をより引き立てます。

---

㊻ 獅□吼

㊼ 初□念

㊽ 上□物

# 46 獅子吼（ししく）

**〔意味・由来〕　ライオンがほえることやその声をいう。大いに熱弁をふるうこと。「獅子」＋「吼」の三字熟語。「獅子」とは、ライオンを指し、「吼」は、ほえるという意味。**

芥川龍之介の作品には、切支丹《キリシタン》ものが多い。短編小説『おぎん』もそのうちの一つである。「天主教《てんしゅきょう》」が弾圧されていた頃、主人公のおぎんは、無知な仏教徒であった実の両親を亡くした。隠れ切支丹の夫妻に引き取られると、養父から洗礼を受けて「まりや」と名づけられる。おぎんは仏教を信じていなかった。釈迦が生まれた時、「天上天下唯我独尊《てんじょうてんげゆいがどくそん》」と獅子吼した事など全く信じなかった。その代わり、聖母マリアが、キリストを自然と身ごもった事は、信じている。ある日、隠れ切支丹として養父母と共に捕らえられたおぎんは、役人から責め苦を受ける。最後に「切支丹を捨てるのであれば助けてやる」という役人の声に、おぎんはあっさり切支丹を捨てると宣言する。この態度の豹変《ひょうへん》には諸説あるらしい。おぎんは宗教に生きる人ではなく、生きるために宗教を選ぶ人だと思った。

**〔引用〕**　──しかしおぎんは幸いにも、両親の無知に染まっていない。これは山里村居《やまざとむらい》つきの農夫、憐《あわれ》みの深いじょあん孫七《まごしち》は、とうにこの童女の額へ、ばぷちずものおん水を注いだ上、まりやと云う名を与えていた。おぎんは釈迦が生まれた時、天と地とを指しながら、「天上天下唯我独尊」と獅子吼した事などは信じていない。（芥川龍之介『おぎん』）

## ㊼ 初一念（しょいちねん）

**〈意味・由来〉　最初に思い立った時の一念。初めの決意。初志。「初」＋「一念」の三字熟語。「一念」は、深く心に刻んで、ひたすらにその事を思うこと。その思い。非常に短い時間のこと。**

森鴎外の『椙原品《すぎのはらしな》』は、伊達綱宗《だてつなむね》の伊達騒動における心理を描いた歴史小説である。この中で鴎外は、「著述がどれ丈《だけ》人に読まれるかは問題である」と述べ、書き手の責任に言及する。具体例に、伊達綱宗が高尾という娼妓《しょうぎ》を身受けしたとする記事を真っ向から否定し、同時に、綱宗と生涯よりそった品《しな》という女性について紹介している。彼女は赤松藩の椙原という土地の家に生まれ、綱宗に見初められた。綱宗が罪をかぶった際、品は親戚と決別、一生を彼と共にすることを決意する。その初一念のまま忠実に彼と時を過ごし、彼の死後は尼となり出家したという。そんな彼女のことを「気骨のある女丈夫であつたやうに想像することを禁じ得ない」と鴎外は評価する。愛の深さに驚愕《きょうがく》する。

**〈引用〉**　─これは一切の係累を絶つて、不幸なる綱宗に一身を捧げようと云ふ趣意であつた。綱宗もそれを喜んで、品に雪薄《ゆきすゝき》の紋を遣《や》つたさうである。

品は初一念を翻《ひるがへ》さずに、とう〳〵二十で情交を結んだ綱宗が七十二の翁《おきな》になつて歿するまで、忠実に仕へて、綱宗が歿した時尼になつて、浄休院と呼ばれ、仙台に往つて享保元年に七十八歳で死んだ。（森鴎外『椙原品』）

# ㊽上手物（じょうてもの）

**〔意味・由来〕　極めて細かいところまで注意が行き届いて作られた上等の品物。「上手」＋「物」の三字熟語。対義語は下手物《げてもの》。「上手《じょうて》」とは、物事が巧みであることを言う。**

「人間国宝」を固辞した北大路魯山人《きたおおじろさんじん》には、画家・陶芸家・書道家・漆芸家《しつげいか》・料理家などの多くの肩書がある。アニメ『美味しんぼ』の登場人物で、美食倶楽部を主宰する美食家・海原雄山のモデルになった人だといえば、身近に感じる人も多いだろう。魯山人は『料理と器物《きぶつ》』の中で、「良い料理には良い食器が入用で、良い食器には良い料理が要求される」という。「料理の美と容器の美は両立して、はじめて最善の馳走ということになる」のだと。また、良い料理には、「盛り方の美しさ」をはじめ、「すぐれた容器との調和」や「建築物」「林泉《りんせん》の幽居《ゆうきょ》」などに対する審美眼《しんびがん》も必要だという。

上手物を見極める審美眼を養うことで、料理は芸術にまで昇華する。

**〔引用〕**　―日本料理に使っている上手物の陶器の食器は、多く中国で出来たものである。殊にわが懐石料理に尊重する器具の例を挙げるならば、染付の各種、青磁万体、呉須赤絵、金襴手類などは、残らず中国の食器として生まれたものである。それを三、四百年以来、日本料理に適当として調和させている手腕は、慥かに一見識というべきである。（北大路魯山人『料理と器物』）

㊾二時間ドラマの「大□円」は、
だいたい崖の上と決まってますね。
㊿揺らがないくらい基礎が強固なことを表す言葉。
(51)「太□楽」な暮らしぶりって、少し憧れます。

---

㊾
大
□
円

㊿
大
□
石

(51)
太
□
楽

## ㊾ 大団円（だいだんえん）

**〈意味・由来〉　劇や小説の最高潮の場面のこと。善を勧めて悪を懲らしめ、円満に解決することが多い。「大」＋「団円」の三字熟語。「大」には、状態や程度を強める役割がある。「団円」とは、まるいことや円満な様子を言う。**

貧困に苦しみながらも、心のままに生きた石川啄木の作品には、重苦しい印象を与えるものが多い。が、SFの世界観を描いた短編小説『火星の芝居』が興味深い。物語は二人の男の会話で展開される。

筆者は、火星に行き、お芝居を見た、と言う。もっとも夢の話で、筆者が見たのは渡りきるのに何年もかかる大きな花道だけだった。それもそのはず、火星で芝居を見ようとするなら、何年も夢の中にいなければならない。芝居より先に人生の大団円を迎えてしまうから芝居の内容は分からないのだ。火星に生命が存在するかもしれないという。この物語が現実になる日は、遠くないのかもしれない。啄木の「大団円」のオチのつけ方に、火星で芝居を見るいつかに思いをはせた。

**〈引用〉**　──『戯言じゃないさ。そのうちに目が覚めたから夢も覚めて了《しま》ったんだ。ハッハハ』『酷《ひど》い男だ、君は』『だってそうじゃないか。そう何年も続けて夢を見ていた日にゃ、火星の芝居が初まらぬうちに、俺の方が腹を減らして目出度《めでたく》大団円になるじゃないか、俺だって青い壁の涯《はて》まで見たかったんだが、そのうちに目が覚めたから夢も覚めたんだ』（石川啄木『火星の芝居』）

## ㊿大磐石（だいばんじゃく）

**〈意味・由来〉　非常に大きな岩。少しぐらいでは、揺らがないくらい基礎が強固なこと。「大」＋「磐石」の三字熟語。「磐石」は、基礎が堅固でしっかりしており、びくともしない様子を言う。**

坂口安吾は『吹雪物語《ふぶきものがたり》』の執筆中に、とある事件に巻き込まれたことを『探偵の巻』に書いている。作業のためにある食堂の二階に缶詰になっていたところ、その食堂の一人娘が行方不明になった。不良少女のその娘の捜索を、食堂の主人から依頼された作者は、目を回すほどの量の捜査資料として、彼女の仲間との手紙の数々をもらう。「大磐石」を自称する作者は、当初乗り気でなかったものの、スケート場で中学三年生の可愛い子をひっかけたから見せてあげるとか、紹介された大学生とつきあったら厭《いや》らしい奴だった、など、手紙からあふれ出る彼女の非凡極まりない才能に惹かれていく。『吹雪物語』もほったらかして、悦に入って手紙の山に夜を徹してまで目を通す。こうして、名探偵の活躍が始まる、と作者が自負するところに、なぜか笑える。

**〈引用〉**　—流石大磐石の先生も目を廻しさうな、大変な手紙の山だ。渋々手紙の山を受取つて、さて、読んでみると、驚いた。手紙は大方不良少女同士の文通だが、昨日スケート場で中学の三年生の可愛い子をひつかけたから見せてあげるとか、予科のこども譲つてくれてメニサンクス。貴女に紹介された大学生、つきあつてみると、せんど厭らしい奴やないの。（坂口安吾『探偵の巻』）

## 51 太平楽（たいへいらく）

**〔意味・由来〕　好き勝手な言動をとることやその様子。太平。また、雅楽《ががく》の一種。**

泉鏡花は、民俗学の第一人者である柳田国男の『遠野物語《とおのものがたり》』を絶賛している。これは明治四十三（1910）年に発表された書で、雪女やザシキワラシなど、岩手県遠野地方に古くから伝わる伝説や昔話などを簡潔な文体で綴った説話集である。妖怪や伝奇を集めたものまで併せると、百十九の話が収録されている。その一つに山男がある。通例、山男の毛むくじゃらの体を見た人が勝手に失神するか、もし出あっても人を驚かすだけで大して実害を及ぼすことの無い怪異である。ただ例外もあり、遠野のそれは女子に手を出すらしい。中には生け捕りにされ、妊娠させられてしまった娘もいるようだ。しかし鏡花はそんな「太平楽」ができるのは田舎のみだと分析する。山男と言えど、もし女性が江戸っ子だったらただじゃすまないとの理由だ。その時代の女性の強さが垣間見える。

**〔引用〕**　―だらしのなき脊高《のっぽ》にあらずや。そのかわり、遠野の里の彼のごとく、婦《おんな》にこだわるものは余り多からず。折角の巨人、いたずらに、だだあ、がんまの娘を狙《ねろ》うて、鼻の下の長きことその脚のごとくならんとす。早地峰《はやちね》の高仙人、願《ねがわ》くは木《こ》の葉の褌《こん》を緊一番せよ。

さりながらかかる太平楽を並ぶるも、山の手ながら東京に棲《す》むおかげなり。（泉鏡花『遠野の奇聞』）

52「短□急」に結論を急ぎ過ぎる上司って嫌われますよね。
53人の心の三要素のことです。
54「長□舌」でも話が面白ければ大丈夫！

---

52 短□急

53 知□意

54 長□舌

## 52 短兵急

（たんぺいきゅう）

**〈意味・由来〉　いきなり行動に移すこと。非常に急なこと。突然に何かを言いかけたり、結論を出したりすること。「短兵」＋「急」の三字熟語。「短兵」は、相手に接近して使う短い武器を言う。対して、槍などの長い武器や弓矢などの飛び道具を「長兵《ちょうへい》」という。**

内田魯庵《うちだろあん》は『四十年前――新文学の曙光――』にて、鹿鳴館《ろくめいかん》時代の欧化政策について論じている。「一時は猫も杓子《しゃくし》も有頂天になって、（中略）ダンスの心得のないものは文化人らしくなかった」というから、文言だけでは表現できないほど、文明開化当初のダンス熱は凄まじかったようだ。一世を風靡《ふうび》した欧米化や、井上馨《かおる》の政策は今となっては見る影なく、人々に嘲笑されてはいるが、彼ほど新文明の創造を試みた人もいない、と魯庵は評価する。あまりに「短兵急」だったために当時の人々の理解を得ることが難しかったが、文芸美術の勃興《ぼっこう》に一役買ったと分析もしている。物事を長期的に、広範にわたって視《み》ることのできる魯庵の見極め力に学びを得た。

**〈引用〉**　―例えば先祖から持ち伝えた山を拓いて新らしい果樹園を造ろうとしたようなもので、その策は必ずしも無謀浅慮ではなかったが、ただ短兵急に功を急いで一時に根こそぎ老木を伐採したために不測の洪水を汎濫し、八方からの非難攻撃に包囲されて竟《つい》にアタラ九仭《きゅうじん》の功を一簣《いっき》に欠くの失敗に終った。（内田魯庵『四十年前――新文学の曙光――』）

# ㊿知情意（ちじょうい）

**〈意味・由来〉　知性、感情、意志のこと。人の三つの心的要素と言われる。「知」＋「情」＋「意」の三字熟語。**

夏目漱石は、作家としてだけでなく、思想家であり、哲学者顔負けの思考もしていたようだ。『文芸の哲学的基礎』では、人々は無意識のうちに空間と時間の概念を承知しており、我と物しか存在しない世界を円滑に回していると主張する。話しているだけでは、相手の存在が真実であるかどうかは分からない。見て、認識して、触って、嗅いで、あるいは舐めて、初めて他人が実在しているかが明らかになる。人に会う度にそんなことをしていては面倒極まりないので、実在を暗黙の了解として我々は人付き合いしているということだ。

その精神の働きには、「知情意」の三つが必ずと言っていいほど相互に関係しており、それを理解して、人間を描ききれる作家が現代に求められているという。作家の思考の幅は計り知れない。

**〈引用〉**　—もっとも心理学者のやる事は心の作用を分解して抽象してしまう弊《へい》がある。知情意は当を得た分類かも知れぬが、三つの作用が各独立して、他と交渉なく働いているものではありません。心の作用はどんなに立入って細かい点に至っても、これを全体として見るとやはり知情意の三つを含んでいる場合が多い。（夏目漱石『文芸の哲学的基礎』）

# ㊹ 長広舌（ちょうこうぜつ）

**〔意味・由来〕　仏教用語に由来する。長々としゃべり立てること。「広長舌」から変化した言葉であると言われる。**

内田魯庵は回想録『三十年前の島田沼南《しまだしょうなん》』の中で、島田沼南の清廉潔白《せいれんけっぱく》さをつらつらと記している。金にだらしないということはもちろんなかった。むしろ過剰なまでの貧乏アピールを周りの人にしていたらしい。一般人に比べたら豪華な生活をしていたのにもかかわらず、ことあるごとに文無しだと言い顰蹙《ひんしゅく》を買うこともあったようだ。だが、恩を仇で返すような人物にも困った時は金を工面し、死に際まで面倒をみる。政治家としては、汚職事件が発覚すると躊躇《ちゅうちょ》なく非難する。魯庵をして「沼南の直截《ちょくせつ》痛烈な長広舌はこの種の弾劾《だんがい》演説に掛けては近代政治界の第一人者であった」と言わしめるのだから折り紙付きだ。今の政界に必要なのは彼のような人物ではないかと考えた。

**〔引用〕**　―沼南が議政壇に最後の光焔《こうえん》を放ったのはシーメンス事件を弾劾した大演説であった。沼南の直截痛烈な長広舌はこの種の弾劾演説に掛けては近代政治界の第一人者であった。不義を憎む事蛇蝎《だかつ》よりも甚《はなは》だしく、悪政暴吏に対しては挺身搏闘《はくとう》して滅ぼさざれば止まなかった沼南は孤高清節を全うした一代の潔士でもありまた闘士でもあった。（内田魯庵『三十年前の島田沼南』）

㊺「ふ〜〜〜〜〜〜〜〜〜っ」、こんなため息のことをいいます。
㊻「厚顔無恥で鉄□皮な政治家」、こんな使い方をします。
㊼西欧に比べて、伝統演劇などの文化・芸術を
「等□視」する政治家が多いような気もしますね。

---

㊺
長
□
息

㊻
鉄
□
皮

㊼
等
□
視

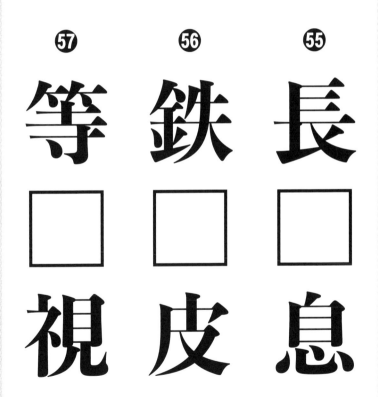

## 55 長大息（ちょうたいそく）

**〔意味・由来〕 長くて大きなため息をつくこと。また、その息や様子を言う。長嘆息。「長大」＋「息」の三字熟語。長くて大きくて、丈が高くて大きいことを言う。反対語は短小。**

留学経験のある父は、内務省に勤務するエリート官僚であった。その支えにより、永井荷風《ながいかふう》はアメリカやフランスに渡っている。病気のために学業を諦めた時期もあるが、演劇や映画を愛し、脚本の執筆を行った。荷風は何度も引っ越しをしたが、梔子《くちなし》一株を必ず移したという。観賞用ではなく、「草稿の罫紙を摺る顔料となす」ためだ。その下ごしらえの作業が荷風を清々しい気持ちにさせる。「事をなすに当って設備の道を講ずるは毫も怪しむに当らない」という彼の美学がそのまま表れている行為である。西洋の紙や万年筆は生涯使わなかったという徹底ぶりだ。一方、荷風にとって本業である執筆や推敲の作業は、長大息が漏れてしまうほど大変なものだった。時に、百枚を超える原稿をボツにしたこともあるという。文豪はそのイメージ通り、苦労が絶えない。心のよりどころは、文化と色恋かもしれない。

**〔引用〕** ――は雕虫《ちょうちゅう》の苦、推敲《すいこう》の難、しばしば人をして長大息を漏らさしむるが故である。今秋不思議にも災禍を免《まぬか》れたわが家《や》の庭に冬は早くも音ずれた。筆を擱《お》いてたまたま窓外を見れば半庭の斜陽に、熟したる梔子燃《も》ゆるが如く、人の来って摘むのを待っている……。（永井荷風『十日の菊』）

## ㊺ 鉄面皮（てつめんぴ）

**〔意味・由来〕　ずうずうしくて恥知らずな様子やその人のこと。「鉄面」＋「皮」の三字熟語。「鉄面」は武具の一つ。日本の伝統的な防具である甲冑《かっちゅう》をつける時、顔面を守るために用いる鉄製の仮面。「皮」には、物の表面にあって中身や本質を覆ったり、守ったりする意味がある。**

太宰治は、短編小説『鉄面皮』の冒頭で、「安心し給え、君の事を書くのではない」と語りかけ自身が「鉄面皮」になることを宣言する。作者が抱く「鉄面皮」の想いは、子供の頃、怪談が好きで恐ろしさのあまりに泣き出しても、その怪談の本を手放さずに、玩具箱から赤鬼のお面を取り出して被りながら読み続けた気持ちと似ているそうだ。思わせぶりな自己宣伝になることを懸念しながらも話を進める作者は、いつの間にか、未完の新作小説（当時）の『右大臣実朝《うだいじんさねとも》』の世界に読者を誘う。「鉄面皮」を被ることで、何でも書けてしまうようだ。案外、作者のように「鉄面皮」宣言をしてしまえば、苦手なことも、さらりと乗り越えられるのかもしれない。

**〔引用〕**　―あいつこのごろ、まじめになったんだってね、金でもたまったんじゃないか、勉強いたしているそうだ、酒はつまらぬと言ったってね、口髭《くちひげ》をはやしたという話を聞いたが、嘘《うそ》かい、とにかく苦心談とは、恐れいったよ、謹聴々々、などと腹の虫が一時に騒ぎ出して来る仕末なので、作者は困惑して、この作品に題して曰《いわ》く「鉄面皮」。どうせ私は、つらの皮が厚いよ。（太宰治『鉄面皮』）

# ㊼等閑視（とうかんし）

**〔意味・由来〕　物事を軽く扱って大切にしないこと。「等閑」＋「視」の三字熟語。「等閑」は、物事を軽く見て、おろそかにすることの意味。「視」は、視る以外に、〜のように扱うという意味がある。**

「満員御礼」は人気の高い証《あかし》であろう。元は、相撲の世界の言葉らしいが、今日では、演芸場や劇場や公共施設にいたるまで「満員御礼」が使われ、関係者を喜ばせる。だが、劇作家の岸田國士は、「満員御礼」に危機感を抱いていた。当時、ほとんどの劇場で観客が満員に近い状態だったことを『演劇統制の重点』の中で、演劇は停滞していると考え、観客が芝居から何も学ぼうとせず、役者と共に演劇を育てていこうという意思がないことに警鐘《けいしょう》を鳴らす。また、演劇の社会的効用にも触れ、国語教育の極めて重要な課題は、学者や教育者の手だけで解決されるものではないと言う。他にも、風俗の現代化が新劇においても「等閑視」されてきたために西洋に後れを取っている、と指摘する。順風満帆な時こそ、俯瞰《ふかん》して課題を見つけることや成長の必要性を説く。「等閑視」とは真逆の視点である。

**〔引用〕**　—西洋の新劇運動は、概ね新理論に基く演劇の革命を目指してゐる。日本では、その前に、演劇の風俗的現代化が必要だつたのである。新劇俳優の技術が上達するにつれて新派に接近するとは今日もなほいはれてゐることであるが、これはいふまでもなく、風俗の現代化が新劇に於てすら等閑視されてゐた証拠なのである。（岸田國士『演劇統制の重点』）

58「外面如菩薩 内心如□叉」。
外面は菩薩のように優しいが、内面は残忍なこと。
59アニメ『ドラえもん』のジャイアンのような人。
60「贔□目」に見てしまうこと、人間だからありますよね。

---

58

如
□
叉

59

野
□
図

60

贔
□
目

## 58 如夜叉（にょやしゃ）

**〈意味・由来〉　夜叉のように恐ろしい心を持っていること。「如」＋「夜叉」の三字熟語。「如」は、「〜のように」を意味する。「夜叉」は、古代インドの人に害を与える悪鬼を言うが、転じて、仏教では、仏法を守護する鬼神《きしん》とされる。元は、古代インドのサンスクリット語「yaka（ヤクシャ）」やパーリ語「yakkha（ヤッカ）」の音写といわれている。**

太宰治には笑いを誘う作品も多い。失笑だったり、微笑みだったり、中には爆笑する作品もある。その一つが『畜犬談《ちくけんだん》』である。「私は、犬については自信がある。いつの日か、かならず喰いつかれるであろうという自信である。私は、きっと噛まれるにちがいない」から始まるこの物語は、主人公が、嫌いなものに好かれた時の対処の仕方を書いている。犬を極度に恐れる主人公は、犬に敵対心を抱かれないよう散髪をし、ステッキを携帯することもやめる。内心ではピストルがあれば撃ち殺そうと「如夜叉」になっていたが、最後は、犬を受容する姿に変わる。元来、夜叉という神には、悪神と守護神の顔がある。主人公の気持ちの移り変わりに、「如夜叉」の世界を見たような気がする。

**〈引用〉**　――犬は、私にそのような、外面如菩薩《げめんにょぼさつ》、内心如夜叉《ないしんにょやしゃ》的の奸佞《かんねい》の害心があるとも知らず、どこまでもついてくる。練兵場をぐるりと一廻りして、私はやはり犬に慕われながら帰途についた。（太宰治『畜犬談』）

# 59 野放図（のほうず）

**〔意味・由来〕　自分勝手で際限がなく、やりたい放題に行動するさま。**

生まれ故郷の言葉の訛《なま》りは、国の手形とも言われる。坂口安吾は『諦めている子供たち』で新潟県の方言を取り上げている。自身を小馬鹿にし、どこか哀しい響きがあり、諦めとユーモアを持つのが特徴らしい。それを小学生の子供も使いこなしているという。大人は、新潟県の方言の持つ悲しさに抗《あらが》いたいという気持ちが見え隠れする一方、子供たちは自嘲《じちょうてき》的に振る舞う理由を未だ知らないため、「野放図《のほうず》」もなく、逞《たくま》しく諦観《ていかん》するそうだ。こうした物言いは親の考え方や言動、感じ方からきており、先祖代々から引き継いでいるものらしい。子供は親を見て育つ。言葉や文化などの伝承を意識することとは、無形の財産を引き継ぐことになる。心がけたいものだ。

**〔引用〕**　—それが少年少女に特に強くでる。なぜかというとオトトやオカカは自分の生活苦があっていかに生れつきの持前でも多少は自分を笑いたくないような悲しいやつれがあるが、子供にはそれがないから、彼らの諦観はむしろ大人よりも野放図もなく逞しく表れてくるのである。（坂口安吾『諦めている子供たち』）

# ㊵ 贔屓目（ひいきめ）

〔意味・由来〕　**ひいきする側の好意的な見方や意見を言う。「贔屓」＋「目」の三字熟語。「贔屓」は、気に入った人に目をかけたり、応援したりすること。また、引き立てる人のことを言う。「目」は、視力や視線の他に、物事を見る態度や見方の意味を持つ。**

「恋は盲目」である。恋に落ちると、理性や常識を失い、意中の人の欠点は魅力的な個性に変わる。

小説家の黒島傳治《くろしまでんじ》は、香川県小豆島《しょうどしま》の貧しい農家に生まれた。主に、農民小説や反戦小説を執筆した。『浮動する地価』の主人公・僕は、地主の娘のトシエに好意を抱いていた。唇は紅をつけたように赤く、耳が白くて恰好《かっこう》がよい。眼は鈴のように丸くて張りがあった。髪も眉も黒く濃い。唇は紅をつけたように赤く、耳が白くて恰好がよい。眼は鈴のように丸くて張りがあった。だが、唯一の欠点は鼻で、鼻先が斜めにつんと切られたように天を向いている。そんなことも僕の贔屓目からしたら愛嬌《あいきょう》に見えていた。結局、彼女は僕の兄・虹吉《こうきち》と結婚し、死産の後に家を出て行く。だが、僕はトシエを悪く言わなかった。やはり、恋の威力は大きい。

〔引用〕　—髪も、眉も、黒く濃い。唇は紅をつけたように赤かった。耳が白くて恰好がよかった。眼は鈴のように丸く、張りがあった。たゞ一つ欠点は、顔の真中を通っている鼻が、さきをなゝめにツン切られたように天を向いていることだ。——それも贔屓目に見れば愛嬌だった。（黒島傳治『浮動する地価』）

61隠し事がばれて、「一□着」。
62七福神の中で、頭が長くてひげの長い老人。
63手持ちのお金がないとき、
「手元不□意」という言い方をします。

---

61
一
□
着

62
福
□
寿

63
不
□
意

# 61 一悶着（ひともんちゃく）

**〔意味・由来〕ちょっとした争い事や軽い揉め事。「一」＋「悶着」の三字熟語。「一」は、わずか、の意味。「悶着」は、感情のもつれや意見の食い違いなどから起こるいざこざや争い事。**

日本を代表する国民文学作家の吉川英治は、談話筆記の『小説のタネ』で自身の小説の執筆のきっかけを書いている。その中で、代表作『鳴門秘帖《なるとひちょう》』は、「種をあかすと、司馬江漢《しばこうかん》（江戸中期の洋画家）の随筆『春波楼筆記《しゅんぱろうひっき》』があれのタネ本です。」と明かしている。これは新聞連載開始の予告の段階から「一悶着」があったそうだ。タイトルの「帖」という漢字一文字を巡って、編集者と電話で三十分を超える激論を交わすところから始まったという。

吉川英治が愛した言葉は「大衆即大智識《ちしき》」という。まさに大衆の悦びのために、「一悶着」を恐れなかった人である。

**〔引用〕**――そこでまあ、書きだしたもんの、正直夢中でしたね。まず予告のタイトルを社へ渡すと、千葉亀雄さんから、「鳴門秘帖」の〝帖〟は〝帳〟の間違いだろうといって来られた。間違いじゃない〝帖〟ですと言うと、あの人のことだから、イヤ帳の方が正しい、とその根拠や引例を電話で三十分も論じたてる。それに強情を張って、まず書くまえから一悶着でしたから、いよいよ重荷を感じましたね。（吉川英治『小説のタネ』）

# ㉒ 福禄寿（ふくろくじゅ）

**〔意味・由来〕　七福神の一つ。短身・長頭の髭の長い老人。福禄人ともいわれる。「福」は幸福、「禄」は財福、「寿」は寿命のこと。**

三遊亭円朝《さんゆうていえんちょう》は、歴代の落語家の中でも別格だといわれる人である。幕末から明治にかけて時代が大きく変化する頃、伝統的な話芸に新たな面を切り開き、多くの噺を創作した。十七歳で襲名して真打ちとなる。『怪談牡丹灯籠』などの怪談や実録の人情噺を自ら創作して自らの手で演じ、独自の世界を創り上げた。

円朝の落語『七福神詣《しちふくじんまいり》』に「福禄寿」が出てくる。お正月に七福神詣りをするこの噺は、業界の著名人を七福神に例えて、彼らのもとを訪ねるという物語である。「福禄寿」に例えられたのは、三井財閥を支えて、大茶人とも称された益田孝である。益田には、「一夜に頭が三尺延た」という逸話があったからだという。「福禄寿」の他の七福神は、恵比須、大黒、毘沙門、弁天、寿老人、布袋である。「福禄寿」はもちろん、七福神にあやかりたい気持ちは、時代が変わっても不変である。

**〔引用〕**　─乙「シテ福禄寿は。甲「ハテ品川《しながは》の益田孝君《ますだかうくん》さ、一夜《や》に頭《あたま》が三尺延《じやくのび》たといふが忽《たちま》ち福《ふく》も禄《ろく》も益田君《ますだくん》と人のあたまに成《な》るとは実《じつ》に見上《みあ》げた仁《ひと》です（三遊亭円朝『七福神詣』）

## ❻❸ 不如意（ふにょい）

**〈意味・由来〉　望み通りにならないこと。生計を立てるのに苦慮すること。金銭が乏しくて思うようにできないこと。「不」＋「如意」の三字熟語。「如意」は「不如意」の反対語で、望みや願いがその通りになることを言う。**

芥川龍之介の短編小説『おしの』では、異宗教を理解する難しさがあぶりだされている。

ある日、しのという女性が十五歳になる病気の息子の治療を願い、南蛮寺の神父のもとを訪れた。しのは力の及ぶ限り、息子のさまざまな養生に手を尽くすが、少しもよくならずに衰弱していくという。また、「不如意」のため、思うように療治をさせることも出来ない。神父はまず彼女に改宗を勧める。しのは、息子が治るなら手段を選ばないと決めていたが、キリストが磔刑《たっけい》の際に叫んだことを聞き、態度を一変させる。武士である夫が、仏を信じて死をも恐れず戦ったことを引き合いに出し、磔木《はりき》にかかったとき、恨みがましい声を出すのは、見下げた奴、と言うと、キリスト教を一刀両断に切り捨てる。息子の治療が望み通りにいかない、治療代にも困窮する、しのは「不如意」な人である。

**〈引用〉**　―のみならず次第に衰弱する。その上この頃は不如意のため、思うように療治《りょうじ》をさせることも出来ない。聞けば南蛮寺《なんばんじ》の神父の医方《いほう》は白癩《びゃくらい》さえ直すと云うことである。どうか新之丞の命も助けて頂きたい（芥川龍之介『おしの』）

㊿64 マイケル・J・フォックス主演で
『摩□楼はバラ色に』という映画がありました。
65 派手に着飾ったご婦人を皮肉る三字熟語。
66「翻□斗打って」という使い方をすることが多いです。

64
摩□楼

65
満□飾

66
翻□斗／飜□斗

## 64 摩天楼（まてんろう）

**〈意味・由来〉　先端が天に届きそうな超高層建築。スカイスクレイパー（建築用語）。「摩」＋「天」＋「楼」の三字熟語。「摩」は触れるほど近づく、「天」は天上や天空、「楼」は高い建物の意味。**

寺田寅彦は、随筆『記録狂時代』で記録を競い合うことの愚かさを書いている。何事でも「世界第一」が好きなアメリカは、今も昔も異常なほど記録を樹立する。シカゴ市のある男は、七十九秒間に生玉子を四十個丸飲みしてレコードを取ったものの、さっそく医者のやっかいになった。ずっと昔、たしか南米で生玉子の競食で優勝はしたが、即死した男がいたという。また、世界の面白い記録のエピソードもある。ベルギー人のメニエ君は、一枚の葉書に一万七千百三十一語を書き込んで記録を作った。書き上げるのに十四年かかったという。記録は数字によって初めて優劣が決まる。が、何の根拠もなしに「世界第一」が乱立される場面に直面した作者は、疑問を持つ。「何一つレコードを持たないような円満具足《えんまんぐそく》の理想国はどこかにないものか」と。アメリカ魂がそのうち「摩天楼」とギャング犯罪の記録も造りかねない、と憂う作者の視点が興味深い。

**〈引用〉**　――いかなる点が第一だかわからなかったが、とにかくアメリカは「俳諧《はいかい》のない国」だと思ったのであった。このアメリカ魂は、摩天楼のレコードを作ると同時にギャング犯罪のレコードをも造りだすであろう。（寺田寅彦『記録狂時代』）

# ㊺ 満艦飾（まんかんしょく）

**〈意味・由来〉　派手に着飾った婦人をからかい皮肉る意味。洗濯物が一面に並べて干してある様子を言う。元は、祝祭日などに、停泊中の軍艦を万国旗、信号旗などで飾ることからきている。**

大正・昭和期の小説家として活躍した宮本百合子は、随筆『今年こそは』に、昭和二十三（１９４８）年の新年を迎えた街の情景を描いている。戦後三年が経過したその年は、街は着飾った女性であふれ、「お正月の日本髪は吉例《きちれい》のようですが、ことしは、同じ日本髪でも、満艦飾ぶりが目だちました」と書いている。口々に交わされる「おめでとう」の言葉にも戦前とは違う響きがある。やっと参政権を手にし、社会への参画が認められた女性たちに向かって、「うちのことで精いっぱいだからこそ、その気をちょっと持ち変えて、一歩ふみ出し、気をひきたてて、何か一つ身近な改善にとりかかり、主婦のはりつめた心に、希望の窓をきりひらく年だと思います」と鼓舞《こぶ》している。幸福を待つのではなく、自身の手でより良い社会を作っていこう。そんな決意が時代を作るのかもしれない。

**〈引用〉**　—お正月の日本髪は吉例のようですが、ことしは、同じ日本髪でも、満艦飾ぶりが目だちました。日本服の晴着でも、いくらか度はずれの大盛装が少くなかったようです。あの混む省線で、押しあい、へしあいするなかに、かんざし沢山の日本髪、吉彌結びにしごきまで下げた娘さんがまじって、もまれている姿は、場ちがいで気の毒な感じでした。（宮本百合子『今年こそは』）

## 66 翻筋斗／翻筋斗（もんどり）

**〔意味・由来〕　空中で身体を一回転すること。とんぼ返り、宙返りのこと。「翻筋斗」だけで使われるよりも「翻筋斗を打つ」などの慣用句として使われることが多い。**

石川啄木の『病院の窓』の主人公は、病院に勤務する外交員の野村良吉である。良吉は梅野という看護師に惹かれて、毎日病院に通う生活を送っていた。ある日、彼は酔いに任せて梅野に告白する。「『僕の胸の中を察して下さい。』」と、さも情に迫つた様な声を出して、堅く握った女の腕を力委せに引寄せた」が、梅野は機敏に野村の手を擦り抜けて逃げてしまう。梅野には野村に対する気持ちなど、さらさらなく、うまくかわされてしまったのだ。

その後、病院の玄関で「渠は自暴糞に足を下駄に突懸けたが、下駄は翻筋斗を打つて三尺許り彼方に轉んだ」とある。「翻筋斗」で下駄の様子を見事に表現する啄木。情景が目に浮かんだ。

**〔引用〕**　―と、右側の或室から、さらでだに前屈みの身體を一層屈まして、垢着いた首巻に頤を埋めた野村が飛び出して來た。廣い玄關には洋燈《ランプ》の光のみ眩しく照つて、人影も無い。渠は自暴糞《やけくそ》に足を下駄に突懸けたが、下駄は翻筋斗を打つて三尺許り彼方に轉んだ。（石川啄木『病院の窓』）

# 第3章

# 世にも美しい三字熟語

月の光は幾重《いくえ》にも重《かさな》った霊廟の屋根を銀盤のように、その軒裏の彩色を**不□火**のように輝《かがやか》していた。屋根を越しては、廟の前なる平地が湖水の面《おもて》のように何ともいえぬほど平かに静に見えた。

（永井荷風『霊廟』）

⑰夜明けの空に見える美しいもの。
⑱季語は秋です。
⑲光源氏も帝も愛した女性。

---

⑰ 朝□夜

⑱ 十□夜

⑲ 朧□夜

# 67 朝月夜（あさづくよ）

〈意味・由来〉 **夜明けの空に残る月。あさづきよ。有明の月。季語は秋、分類は天文。反対語は、夕月夜《ゆうづくよ》。**

日本人の心をとらえる美しい情景に月がある。古代から現代まで詩歌に詠まれてきた月は、秋晴れの夜空にくっきり輝く中秋《ちゅうしゅう》の名月もあれば、明け方の空に残る「朝月夜」もある。泉鏡花の『薬草取』は、崇敬《すうけい》する師・尾崎紅葉が病床に伏した時に快復への願いを込めて書かれた小説である。主人公の青年は幼い時に、病気の母のために薬草を採りに来たところ、道中で追い剥《は》ぎに遭《あ》い、食あたりにもなるという災難に見舞われる。が、ふと出会った艶やかな髪をもつ綺麗な娘に窮状《きゅうじょう》を救われる。「朝月夜」の出る美しい明け方に、その娘に手を引かれた少年は、人目を忍んで宿の裏口からそっと抜け出し、薬草を採りに行く。鏡花の描く「朝月夜」の情景は、幼い頃に亡くした母への想いをかもし出している。

〈引用〉 ――人心地《ひとごこち》もなく苦しんだ目が、幽《かす》に開《あ》いた時、初めて見た姿は、艶《つや》やかな黒髪《くろかみ》を、男のような髷《まげ》に結んで、緋縮緬《ひぢりめん》の襦袢《じゅばん》を片肌《かたはだ》脱いでいました。日が経《た》って医王山へ花を採りに、私の手を曳《ひ》いて、楼《たかどの》に朱の欄干《てすり》のある、温泉宿を忍んで裏口から朝月夜に、田圃道《たんぼみち》へ出た時は、中形《ちゅうがた》の浴衣《ゆかた》に襦《しゅ》子《す》の帯をしめて、鎌を一挺、手拭《てぬぐい》にくるんでいたです。（泉鏡花『薬草取』）

## 68 十六夜（いざよい）

**〔意味・由来〕　旧暦十六日の夜の月を言う。既望《きぼう》。季語は秋。分類は天文。和歌や俳諧にもよく使われる十六夜は、十五夜の満月の翌晩の月である。十五夜に比べると月がやや遅れて出てくることから、躊躇を表す「いざよう」から「いざよいの月」と呼ばれて、その後「いざよい」になった。**

瀬戸内寂聴《せとうちじゃくちょう》さんの『源氏物語』に、愛する夕顔に先立たれて傷心する光源氏が、故常陸《ひたち》の宮《みや》の姫君である末摘花《すえつむはな》に心惹かれる場面がある。高貴な生まれでありながら、うらぶれた屋敷に引きこもり、琴ばかり弾いて暮らす末摘花に興味を持った光源氏。十六夜の月の夜、屋敷を訪ねて、命婦《みょうぶ》に姫の弾く琴を聞かせてほしい、とせがむ。命婦のはからいで琴の音を聞いた光源氏は、姫君に言い寄りたい気持ちをそそられる。十六夜の月は、ためらいがちに見えるという。まさしく末摘花のようである。

〔引用〕　―源氏の君は、おっしゃったとおり、十六夜の月の美しい頃に、お越しになりました。「まあ、お気の毒ですこと、せっかくお越しいただいても、今夜はお琴の音の冴えて聞こえそうな空模様でもございませんのに」と、命婦は申し上げますけれど、「そんなことを言わずに、姫君のところへ行って、ほんの一曲でもお弾きになるよう、おすすめしておくれ。このまま何も聞かずに帰るのは残念だから」とおっしゃいます。（瀬戸内寂聴訳『源氏物語巻二』　講談社文庫）

## ㊾朧月夜（おぼろづきよ）

〔意味・由来〕 朧月の出ている夜。おぼろづくよ、おぼろよ、ともいう。「朧月」＋「夜」の三字熟語。「朧月」は、月の光がぼやけて見える月のこと。

泉鏡花の文章は美しい。『山月記《さんげつき》』『李陵《りりょう》』などの名作を生んだ昭和の文豪・中島敦《なかじまあつし》は、『鏡花氏の文章』に「鏡花氏こそは、まことに言葉の魔術師。感情装飾の幻術者《げんじゅつしゃ》」と書いている。その言葉通り、泉鏡花の随筆『雛がたり』は、雛《ひな》飾りの煌びやかさが綴られている。夫婦雛、桜雛、柳雛、菜の花雛、桃の花雛、白と深紅と紫色の菫雛《すみれびな》など、さまざまな雛への愛《いと》しさを描く。幼い頃に亡くした母と鏡花の雛人形にまつわる思い出や、かつて静岡の旅先で立ち寄った餅屋への再訪の際、雛たちに魂が宿るような不思議な光景を目にした体験。作者は言う。できることなら、室町時代の「傛紫《にせむらさき》田舎源氏《いなかげんじ》」の雛、歌川国貞《うたがわくにさだ》の錦絵ぐらい姿の美しい雛、花桐をはじめ、藤の方、紫、黄昏、桂木がほしい、と。桂木は朧月夜のことであり、新古今和歌集の大江千里《おおえのちさと》の歌をあげ、朧月夜のぼんやり霞む月光の風情で結んでいる。まさに幽玄な世界である。

〔引用〕 ——欲《ほし》いのは——もしか出来たら——傛紫《にせむらさき》の源氏雛《げんじびな》、姿も国貞《くにさだ》の錦絵《にしきえ》ぐらいな、花桐《はなぎり》を第一に、藤《ふじ》の方《かた》、紫、黄昏《たそがれ》、桂木《かつらぎ》、桂木は人も知った朧月夜の事である。（泉鏡花『雛がたり』）

70「案□子」が出てくる小説といえば
『オズの魔法使い』などが有名ですね。
71真言宗の出家者がはじめにする修業のひとつ。
72良い知らせのこと。

---

70
案
□
子

71
寒
□
離

72
吉
□
右

## ⑦⓪ 案山子（かかし）

**〔意味・由来〕 農作物を荒らす鳥獣からの害を防ぐため、田畑に備える人形やそれに関するしかけ。そおど。そおずとも言う。語源は、焼いた獣肉を串刺しにして悪臭を漂わせる「嗅《か》がし」といわれる。また、見掛け倒しの役に立たない人をさすこともある。**

『古事記』には、「其少名毗古那神《すくなびこなのかみ》を顕《あらは》しまをしし、謂《い》はゆる久延毘古《くえびこ》は、今には山田の曽富騰《そほど》。此の神は、足は行《ある》かねども、尽《ことごと》く天《あめ》の下《した》の事《こと》を知れる神なり」（現代語訳）「その少名毗古那神の名を明らかにし申した、クエビコというのは、今の山田の案山子のソホドのことである。この神は歩くことができないのに、あまねく天下のことを知っている神である」とある。（中村啓信（翻訳）『新版古事記 現代語訳付き』角川ソフィア文庫）

寺田寅彦は、随筆『小さな出来事』に、ふとしたきっかけで興味を持った簑虫《みのむし》の世界について描いている。簑虫には、一本足の案山子に似たのもあれば、二本の長い棒を横たえた武士のようなのもいる。ほとんどじっとしているが、昼頃には活動し始める様子に、労働時間や食事の時間があるのか、と思いをはせる。案山子からの発想の展開がのどかで可笑しい。

**〔引用〕** ―大小さまざまのが少なくも七つ八つは居るらしい。長い棒の付いたのはまだ外にも居た。中にはちょうど一本足の案山子に似たのもある。（寺田寅彦『小さな出来事』）

# ⑪ 寒垢離（かんごり）

**〈意味・由来〉　冬の寒さの厳しい時期に冷水を浴びて心身を清め、神仏に祈願すること。「寒」＋「垢離」の三字熟語。「垢離」とは、神仏に祈願するために、冷水を浴びて身体の穢《けが》れを取り去ることをいう。水垢離と同意。歳時記によると「寒垢離」は晩冬の季語。分類は行事。**

真言宗の修行で、出家者がはじめにするのは、寒垢離や断食などである、と泉鏡花は『湯女《ゆな》の魂《たましい》』に書いている。鍛錬を積み、「臨・兵・闘・者・皆・陣・列・在・前」という九字を結ぶことで、棒を折ったり、着物をズタズタに引き裂いたりすることが可能になるそうだ。

『湯女の魂』は、主人公が越中の温泉から湯女の魂を、東京まで連れて帰る話である。ある夏の日、主人公の小宮山良助という学生は、東京の友人から聞いた面白い宿に泊まる。越中の小川にあるその温泉宿で、そこの湯女と一晩を共にする。湯女は東京の友人の愛人であった。小宮山は湯女の魂だけを引き連れて東京に戻り、東京の友人に引き渡す。鏡花独特の奇妙で幽玄《ゆうげん》な世界に男性が翻弄《ほんろう》される。

**〈引用〉**　―八宗の中にも真言宗には、秘密の法だの、九字《くじ》を切るだのと申しまして、不思議なことをするのでありますが、もっともこの宗門の出家方は、始めから寒垢離、断食など種々《さまざま》な方法で法を修《しゅ》するのでございまして、向うに目指す品物を置いて、これに向って呪文《じゅもん》を唱え、印を結んで、鍊磨の功を積むのだそうでありまする。（泉鏡花『湯女の魂』）

# ⑫ 吉左右（きっそう）

**〔意味・由来〕　よい知らせ。吉報。また、良い知らせか悪い知らせのどちらかを言う。「吉」＋「左右」の三字熟語。「左右」は、「さゆう」と読む他に、「そう」とも読み、あれこれと状況や様子を知らせる便りのことを言う。**

芥川龍之介の長編小説『素戔嗚尊《すさのおのみこと》』は、ヤマタノオロチを退治した荒ぶる神・素戔嗚尊を一人の青年として描き、スサノオノミコトの神話を大胆にリメイクしたものだ。

主人公の素戔嗚尊は、他を寄せ付けない圧倒的な怪力を持つ故に、高天原《たかまがはら》の国で悪目立ちしてしまう。敵だらけの彼だったが、とある少女に恋をする。不釣り合いだと自覚し、恋心をひた隠しにして野蛮に生きていた彼だが、数少ない味方の牛飼いにそれを見抜かれて、こう提案される。勾玉《まがたま》を渡してくれたら、必ずや「吉左右」を届けようと。はやる想いを抑えられず、母の形見の勾玉を渡してしまう素戔嗚尊。「吉左右」は、屈強《くっきょう》な漢をも惑わす三字熟語として使われている。

**〔引用〕**　―若者はしかし勾玉を掌《てのひら》の上に載せながら、慌《あわ》てて後を追いかけて来た。「待っていて下さい。必ず二三日中には、吉左右を御聞かせしますから。」「うん、急がなくって好いが。」彼等は倭衣《しずり》の肩を並べて、絶え間なく飛び交《か》う燕《つばくら》の中を山の方へ歩いて行った。（芥川龍之介『素戔嗚尊』）

73 メールが、「五□雨」式に送られてくると焦りますよね。
74 横綱の土俵入りは、「不□火」型と雲龍型の二種類。
75 北原白秋には、「白□風」という名の歌集があります。

---

73
五
□
雨

74
不
□
火

75
白
□
風

# 73 五月雨（さみだれ）

**〔意味・由来〕　旧暦五月頃に降る長雨。その時期のこと。さつき雨とも言う。また、途切れたり続いたりしながら、いつまでもだらだらと続く様子。「夏」の季語。分類は天文。**「五月雨を集めて早し最上川」の松尾芭蕉の句は、あまりにも有名。

文化勲章の受章者で、大正から昭和時代にかけて活躍した哲学者の和辻哲郎《わつじてつろう》は、随筆『京の四季』で、京都の自然の美しさを語っている。東京の緑は、京都の緑と比べると、まるでゲテモノのようだ、と和辻は言う。湿気、土壌、水質何をとっても植物の生育に適している京都では、植物の変化で季節が読み取れる。落葉樹の新芽は春を感じさせ、緑色の若葉は五月の訪れを告げる。常緑樹の新芽が顔をのぞかせ、新緑の若葉は青々と生い茂る。落葉樹の葉が深く染まると、それはもうすぐ五月雨の季節であるという。栗の花や椎の花が黄金色に輝いて人目をひくのはそのころである。五月雨は京都の緑も際立たせる。

**〔引用〕**　―やがてその新芽がだんだん延びて、常磐樹《ときわぎ》らしく落ちついた、光沢のある新緑の葉を展開し終えるころには、落葉樹の若葉は深い緑色に落ちついて、もう色の動きを見せなくなる。そうなるともうすぐに五月雨の季節である。栗の花や椎の花が黄金色に輝いて人目をひくのはそのころである。（和辻哲郎『京の四季』）

# 74 不知火（しらぬい）

**〔意味・由来〕　旧暦八月一日頃の夜、九州の有明海や八代海の沖合で見られる無数の光が明滅する現象。その神秘的な情景に諸説があるが、最近では、海上の漁火が光源となり、海面付近の冷気に影響を受けて起こると言われる。現代の歳時記では、季語は秋で、分類は地理。**

お墓には独特の雰囲気がある。それに芸術性を見いだしたのが永井荷風である。荷風は芸術や生活上の立場で美に最上の価値を置く耽美主義《たんびしゅぎ》を信奉しており、耽美派と呼ばれる作家の一人である。随筆『霊廟《れいびょう》』の中で、ヴェルサイユ宮殿を皮切りに、いくつかの霊廟が持つ魅力について語っている。特に、二代将軍秀忠の霊廟を眼下に見た時の描写が細かく語られており、月光が「軒裏の彩色を不知火のように輝かし」、霊廟全体の対称性が持つ美しさを克明に映し出す、とある。霊廟の屋根の軒裏《のきうら》の彩色を月光が「不知火」のように輝かす情景を光彩陸離《こうさいりくり》に描いている。

**〔引用〕**　―月の光は幾重《いくえ》にも重《かさな》った霊廟の屋根を銀盤のように、その軒裏の彩色を不知火のように輝《かがやか》していた。屋根を越しては、廟の前なる平地が湖水の面《おもて》のように何ともいえぬほど平かに静に見えた。（永井荷風『霊廟』）

# ㊼ 白南風（しらはえ）

**〈意味・由来〉　梅雨明けの後や梅雨の晴れ間に吹く南風を言う。明るく晴れやかな気分を表す。季語は夏、分類は天文。「白」＋「南風」の三字熟語。「南風」は「みなみかぜ」「なんぷう」「はえ」「はや」「はい」「まじ」「まぜ」など多くの読み方がある。**反対語は「黒南風《くろはえ》」といい、梅雨の湿った南風のことで、暗くてどんよりとした梅雨空やその陰鬱な気持ちを表す。他に、梅雨の最盛期の激しい南風を指す言葉に「荒南風《あらはえ》」がある。

　詩人や歌人として活躍した北原白秋は、歌集『白南風』の巻末記に、自身の六作目で十三年ぶりに出版までこぎつけた歌集であると書いている。これには、「大正十五年より昭和八年に至る作品の中、天王寺墓畔《ぼはん》、馬込緑ヶ丘、世田ヶ谷若林、砧村《きぬたむら》、此の四ヶ所に於ける、東京轉住《てんじゅう》以來の生活を主としたる短歌及長歌」が掲載されている。二つの歌集の編集が未整理のままこの歌集を発行する運びになったようだ。「白南風」は明るく晴れやかな気分を表す言葉である。まさにこのタイトルは、白秋の想いそのものであろう。

**〈引用〉**　―白南風は送梅の風なり。白光にして雲霧昂騰し、時によりて些か小雨を雑ゆ。鬱すれども而も既に輝き、陰湿漸くに霽れて、愈〻孟夏の青空を望む。その薫蒸するところ暑く、その蕩揺するところ、日に新にして流る。かの白栄と言ひ、白映と作すところのもの是也。（北原白秋『白南風』）

76 人間の理想とされる三つの大きな価値概念です。
77 日本の四季折々の風雅な眺めを表す、「雪□花」。
78 藤沢周平の小説に同名の傑作があります。
（書名の一部は平仮名です）

---

76
真
□
美

77
雪
□
花

78
蝉
□
雨

# ⑯ 真善美（しんぜんび）

**〔意味・由来〕　真と善と美。人間の理想とされる三つの大きな価値概念。普遍的で学問・道徳・芸術でどこまでも追い求めようとする目標。「真」＋「善」＋「美」の三字熟語。**

女性の情熱を奔放《ほんぽう》に艶やかに歌った与謝野晶子は、処女作の歌集『みだれ髪』で文壇に注目される。「やは肌のあつき血汐にふれも見でさびしからずや道を説く君」（現代語訳）「世の中には人の踏みおこなうべき道だけを物堅く考えるお方もいらっしゃる。恋の情熱が、やわらかな肌に包まれて熱い血汐となっていても、それに触れてみることもなさらないとしたら、お寂しくないのでしょうか」（与謝野晶子（著）今野寿美（著）『みだれ髪』角川文庫）

この歌を、朝の通勤電車にもまれながら初めて読んだ時、嫌味のない艶麗《えんれい》さに感動して、思わず反芻《はんすう》した日を思い出す。

「かくてなほあくがれますか真善美わが手の花はくれなゐよ君」（現代語訳）「ここに至ってなお、あなたは真（学問的研究）、善（道徳的おこない）、美（芸術の実践）というような理屈づけに心を奪われておいでですか。わたしの手にした花は、もうすっかり紅《くれない》に染まっているのに。」（与謝野晶子（著）今野寿美（著）『みだれ髪』角川文庫）与謝野鉄幹への一途な想いを貫いて、十二人の子を成し、生涯添い遂げた晶子の作品に「真善美」を感じる。

# ❼❼ 雪月花

（せつげっか）

**〔意味・由来〕　雪と月と花。日本の四季を代表する風物で、冬の雪、秋の月、春の花を表し、四季おりおりの風雅な眺めを言う。せつげつか。または、月雪花《つきゆきはな》とも言う。**

日本の情景の美を表す「雪月花」。これほど絶美な三字熟語を他に知らない。上村松園《うえむらしょうえん》は、「雪月花」の美の世界を、皇太后陛下御下命の御用画の三幅双の絵画『雪月花』に表現している。貞明《ていめい》皇后の御用命を受けて以降、完成まで実に二十年以上を要した、松園の終生の力作である。また『枕草子』『源氏物語』『伊勢物語』などに発想を得たと思われる優美な情景が端正な画面構成と美しい色彩で、平安期の宮廷の雅やかな女性風俗を表しているとされる。「松園の前に松園なく、松園の後に松園なし」と画壇《がだん》で言われるほどの逸材である上村松園の描く『雪月花』は、まさしく別次元である。

**〔引用〕**　――最初の御前揮毫の節に、当時の皇后宮太夫三室戸伯爵を通じて、改めて二幅双か、三幅双の揮毫を、上納申し上げるようにという御用命を拝したのでございました。早速、構想を練り「雪月花」の三幅双の小構図を美濃紙に描き、伯爵を通じてお納めいたしますと、「これでよいから、大きさはかくかく」というお言葉を賜りました。（上村松園『画筆に生きる五十年――皇太后陛下御下命画に二十一年間の精進をこめて上納――』）

「宮内庁」ＨＰより　https://www.kunaicho.go.jp/culture/sannomaru/syuzou-16.html）

## ⑦⑧ 蝉時雨（せみしぐれ）

**〔意味・由来〕　多くの蝉がひっきりなしに鳴くさまを時雨が降るように見立てた言葉。季語は夏、分類は動物。「蝉」＋「時雨」の三字熟語。「時雨」は、秋から冬にかけて、突然に降ったり止んだりする雨のこと。**

寺田寅彦には、蝉時雨の降る景色に浮かんでくる記憶がある。随筆『二十四年前』には、大学生だった作者が、ヴァイオリンの一人稽古に励んでいた様子が書かれている。中途半端な教師から教わりたくない思いから、いろんな書物を読みながら独学していた。とある演奏会でケーベルさんのピアノ演奏を聴いたことが転機になる。まっ黒なピアノに向かうケーベルさんの金髪の色彩の雰囲気も非常に上品であったが、作者は、なにより彼の内側から放たれる何ものかに、至極感動した。作者はケーベルさんに手紙を書いて面会を実現させる。が、それは今は亡きケーベルさんとの一度きりの出会いになった。蝉時雨の降る日のケーベルさんとの出会いは、作者の心の中に永遠に生き続けるに違いない。

**〔引用〕**　―ケーベルさんに笑われた九円のヴァイオリンは、とうの昔にこわれてしまったが、このごろ思い出してまた昔の教則本をさらっている。それにつけて時おりはあの当時を思い出す。そうすると、きっと蝉時雨の降る植物園の森の裏手の古びたペンキ塗りの洋館がほんとうに夢のように記憶に浮かんで来る。（寺田寅彦『二十四年前』）

⑲「狐の嫁入り」とも言います。
⑳便所の手を洗う場所。
㉑理想郷のこと。

---

⑲
日
□
雨

⑳
手
□
場

㉑
桃
□
郷

# 79 日照雨（そばえ）

〔意味・由来〕 晴れているのに、ある所にだけ降る雨のこと。狐の嫁入り。天気雨。片時雨。日照り雨とも言う。

種田山頭火《たねださんとうか》は、大正から昭和にかけて、禅僧《ぜんそう》として各地を行乞《ぎょうこつ》の旅をしながら、数多くの句を残した俳人である。行乞は、僧が修行のために托鉢《たくはつ》をしながら歩くことである。山頭火の俳句は自身のリズム感を重んじて、季語や五・七・五という俳句の約束事にこだわらない「自由律」の句風で知られる。日本の文芸評論家で俳人の村上護《むらかみまもる》は、山頭火の行乞記の解説として『行乞流転《るてん》の旅』を書いている（村上護編『山頭火　行乞記』）。その中で、山頭火が行乞流転のある時期から『行乞記』を書き記したこと、また、務めを捨てて行乞流転の旅に出たのが大正十五年四月であったと書く。『行乞記』昭和七年九月八日の「日照雨」の句に心射《い》抜かれた。

〔引用〕 ―酔中、炊いたり煮たり、飲んだり食べたりして、それを片付けて、そのまゝごろ寝したと見える、毛布一枚にすべてを任しきつた自分を見出した。雨がをりくふるけれど、何となくほゝゑまれる日だ。（中略）どうも枕がいけない、旅ではずゐぶん枕のために苦労した、枕のよしあし、といふよりもすききらひが私の一日、いや一生を支配するのである！　日照雨ぬれてあんたのところまで（村上護編『山頭火　行乞記』春陽堂）

# ⑧⑩ 手水場（ちょうずば）

**〔意味・由来〕　便所や傍らの手洗場。手洗い。厠《かわや》、ちょうず。「手水」＋「場」の三字熟語。「手水」とは、手や顔を洗い清めるのに使う水や便所・用便などを指す。**また、神社、寺院の参道脇や社殿脇に置かれ、参詣者が手を洗い、口をすすいで清める所は、「手水舎」で「ちょうずしゃ」や「てみずしゃ」と言う。

明治の歌人、片山廣子の随筆『トイレット』に、十八歳まで暮らした東京・麻布三河台の生家のトイレを回想する情景がある。外交官だった父は、西洋風の応接間と豪華な客用便所の手水場を建増する。十九世紀の重厚な飾りつけのある応接間を通り過ぎると、その「お手水場」があった。まず、ドアを開けると三畳ほどのガラス張りの空間があり、椿や紅葉が顔をのぞかせる。奥に進み引き戸を開けると、絨毯《じゅうたん》張りの床の上に黒塗りの蓋《ふた》がしめてあり、そこに腰をかけて用を済ませたという。ちなみに、家庭用の便所は、「はばかり」と呼ぶ。恐れ多くて言うのもはばかりがあるというので、「はばかり」と呼ぶようだ。お客さんをもてなすための手水場という場所のあり方に奥深さを感じる。

**〔引用〕**　—さて、そのお手水場はもちろん実用のためであつたが、しかし大に芸術的のものでもあつて、まづ中に入ると、とつつきは三畳ぐらゐの広さで南と西に大きなガラス窓があり、南の窓からは海棠や乙女椿や、秋には大きい葉のもみぢなぞガラス越しに見えてゐた。（片山廣子『トイレット』）

# ⑧① 桃源郷（とうげんきょう）

**〔意味・由来〕　俗世間を離れた想像上の平和な社会のこと。理想郷、別天地。「桃源」＋「郷」の三字熟語。「桃源」と同意。中国の東晋から南朝の宋の時代にかけて活躍した詩人、陶淵明《とうえんめい》の詩『桃花源記』の理想郷から来ている。**

　昭和時代の随筆家、佐藤垢石《さとうこうせき》の『採峰徘菌愚《さいほうハイキング》』には、一風変わった「桃源郷」が描かれている。徴《ちょう》兵《へい》される友人のために、作者は送別会を開こうと考えた。仲間に相談すると、採蜂ハイキングを提案される。それは当時「地蜂《じばち》の桃源郷と言われた浅間山麓」に足を運び、蜂の子を採り、みりんやしょうゆや砂糖で煮たり、塩で炒ったりして酒の肴を作ることだった。浅間山麓へと足を運び、蜂の巣を見つけるために悪戦苦闘しながらも、友人のために、蜂と奮闘《ふんとう》する作者やその仲間。彼らの想いの中に「桃源郷」がある。

**〔引用〕**　―僕の郷里信州諏訪地方では昔から、秋の佳饌《かせん》としてこれの右に出ずるはないとしている。だから、近年では地蜂の種をほとんど採り尽くしてしまって僕の子供のときのように、たびたびご馳走になれないことになったが、近年蜂の子の佳味が次第に人々の理解をうけて需要が増したから、地蜂の桃源郷といわれた浅間山麓へ、蜂の子の缶詰会社ができた。（佐藤垢石『採峰徘菌愚』）

㉜西日本では亥の子（いのこ）に相当します。
㉝7月1日から6日頃のこと。
田植えを終わらせる頃。
㉞自然なものすべてに宿っている神々。

---

㉜
十
□
夜

㉝
半
□
生

㉞
八
□
万

# ㉜ 十日夜（とおかんや）

〔意味・由来〕　**陰暦十月十日の行事。関東や中部地方の秋の収穫祭。田の神が山に帰ると言われるため、餅を供えて送る。西日本の亥の子《いのこ》に相当する。とおかや。**

明治から昭和にかけて官僚や民俗学者として活躍し、文化勲章を受けている柳田国男は、『年中行事覚書』で「十日夜」について書いている。柳田は、昭和三十年当時、日本の年中行事はたくさんあるが、まだ知られていない行事が多いことや周りからの関心を寄せられないばかりに消えてなくなる行事があることに危機感を募らせている。その一つが「十日夜」である。西日本には、亥の子と呼ばれる行事があり、京都では古くからその日に餅を搗《つ》いて、農村から持ってくるが、関東では、十月亥の日は普通の日である代わりに、十月十日を十日夜と名づけて行事を行う。同じような秋の行事でもそれぞれの地域によって呼び名が変わる。文化や季節感を大切にしつつ、行事を通してそれらを養ってきた日本人の生き方を学ぶ。

〔引用〕　――古くから亥の子の日に餅を搗《つ》いて、農村から持って来る旧例のみはあって、その他の行事は何もないけれども、まだ名前だけはほぼ記憶せられているが、それから東では十月亥の日などは普通の日に過ぎない。そうしてその代りに十月の十日夜と名づけ、ちょうど中国地方のイノコヅキと同じに、藁の束をもって地面を叩きまわる子供遊びがあったのである。（柳田国男『年中行事覚書』）

## 83 半夏生（はんげしょうず／はんげしょう）

**〈意味・由来〉　二十四節気以外に季節の移り変わりを特別に表す暦日を「はんげしょう」と言う。また、二十四節気七十二候の一つで、夏至の第三候にあたる期間を「はんげしょうず」と呼び、七月一日から六日頃を指す。七十二候は日本独自の暦である。**「はんげしょう」はコメ作りに大切な時期であり、田植えを終わらせる目安になる。この時期に降る雨を半夏雨《はんげあめ》と呼び、大雨が続くとされている。また、植物にも「はんげしょう」といわれるドクダミ科の多年草があり、別名は片白草《かたしろぐさ》と言う。これは葉の上部が半分白くなっている様子が、半分化粧をしているように見えることから「半化粧」とも言われる。

北原白秋は歌集『白南風』の送梅の項で、

「半夏生早や近からし桐の葉に今朝ひびく雨を二階にて聴く」（北原白秋『白南風』）

と詠んでいる。また、昭和に活躍した俳人、石田波郷《いしだはきょう》の句に、

「病室に降る煤《すす》のあり半夏生」

（『七十二候がまるごとわかる本 最新版』晋遊舎）

がある。病弱で多くの時間を病室で過ごした波郷。田植えが終わる半夏生の頃、眼前に広がる青々とした情景に、病のわが身の陰鬱さを重ねたのか、と思いをはせた。

# ㊹ 八百万（やおよろず）

**〔意味・由来〕　数えることが難しいくらい数の多いこと。千万《ちよろず》と同意。「八百万の神」で使われることが多い。八百万の神は、神道の数多くの神々をまとめて言う。**

芥川龍之介の短編小説『二人小町《ふたりこまち》』に「八百万」が使われている。ある日突然、黄泉《よみ》の使いが小野《おの》の小町《こまち》の前に現れて、「閻魔大王《えんまだいおう》からの命令で地獄に連れて行く」と言う。まだ死にたくない、と思った小野の小町は、とっさに身ごもっていると嘘をつき、私が今死ねば、お腹の子どもや子どもの父親、自分の両親までもが一緒に死ぬことになる、と泣いて命乞《いのちご》いをする。黄泉の使いは、すっかり騙されてしまい、小野の小町を生かす代わりに、玉造の小町という別の女を地獄に連れて行くと約束する。小野の小町は喜び、嘘がばれぬように八百万の神々に願いをかける。さらわれた玉造の小町も黄泉の使いに女の武器を使い、切り抜ける。数十年後、黄泉の使いは、骨と皮ばかりになった小野の小町と玉造の小町に出会い、黄泉の国に連れて行け、とせがまれる。男を弄ぶあなたがたが恐ろしい、と立ち去る黄泉の使いに、泣き崩れる二人の小町。八百万の神といえども、二人の小町の生きざまに呆れ果て、見放したに違いない。

**〔引用〕**　―（手を合せる）八百万の神々、十方《じっぽう》の諸菩薩《しょぼさつ》、どうかこの嘘《うそ》の剥《は》げませぬように。（中略）黄泉《よみ》の使、玉造《たまつくり》の小町《こまち》を背負《せお》いながら、闇穴道《あんけつどう》を歩いて来る。（芥川龍之介『二人小町』）

第4章

# 使ってはいけない三字熟語

――柳吉は「どや、なんぞ、う、う、うまいもん食いに行こか」と蝶子を誘った。法善寺境内の「めおとぜんざい」へ行った。道頓堀からの通路と千日前からの通路の角に当っているところに古びた**阿□福**人形が据えられ、その前に「めおとぜんざい」と書いた赤い大提灯《おおぢょうちん》がぶら下っているのを見ると、しみじみと夫婦で行く店らしかった。

（織田作之助『夫婦善哉』）

85やせ細った顔色の悪い人の時にも使います。
86関西人は「似□非」の関西弁を聞くと、むずがゆくなります。
87お好み焼きソースの人気ブランドといえば、
「阿□福」（ブランド名は、ひらがなです）。

---

85
青□箪

86
似□非

87
阿□福

# 85 青瓢箪（あおびょうたん）

**〈意味・由来〉　まだ熟していない青い瓢箪のこと。痩せ細った顔色の悪い人。青瓢（あおふくべ・あおひさご）とも言う。秋の季語、分類は植物。「青」＋「瓢箪」の三字熟語。**

明治から大正期の評論家・内田魯庵に言わせると、小説家とは、痩せてひょろひょろとした、まるで「青瓢箪」のようなイメージがあるらしい。ただ、二葉亭四迷は「青瓢箪」とはほど遠い外見だった、と随筆『二葉亭余談』に書いている。二葉亭四迷の筆名の由来は、処女作『浮雲』への自虐めいた「くたばってしめい」というやけっぱちの思いから生まれたそうだ。本人の思いはどうであれ、『浮雲』は名作である。ロシア文学をこよなく愛した二葉亭は、翻訳家や小説家として活躍しただけでなく、政治家を志したこともあり、外国語学校や商社など職を転々とした人でもあった。

昔、瓢箪は器として使われた。成熟した瓢箪の中身を取り除いて乾かした後、水筒や器にしたのだという。器には、人物の大きさを表す意味もある。「青瓢箪」も小説家も成熟度により、器の質が決まるのかもしれない。

**〈引用〉**　―が、方頷粗髯の山本権兵衛然たる魁偉《かいい》の状貌は文人を青瓢箪の生白《なまっちろ》けた柔弱男《にやけおとこ》のシノニムのように思う人たちをして意外の感あらしめた。（内田魯庵『二葉亭余談』）

# 86 似而非（えせ）

**〔意味・由来〕本物に似ているが、実際はそうでない物。才能や性質が劣っていたり欠けていたりすること。にせもの。まやかし。似非と表すこともある。接頭語で使われ、「似而非医者」「似而非文化人」などと言う。**

中島敦の短編小説『弟子』は、暴れん坊の青年の子路《しろ》が孔子に問答をふっかける情景から始まる。賢者と噂に名高い孔子を似而非賢者として辱《はずかし》めようと問答に臨んだ子路であったが、孔子から徹底的に論破され、その場で弟子入りを志願する。その後、子路は三千人いると言われた孔子の弟子の中でも、最も傑出した孔門十哲《こうもんじってつ》とされる高弟の一人になる。子路の非礼な振る舞いの中にも愛すべき素直さを見抜いて高弟に育てた孔子は、似而非ではなく、まさしく本物の師であろう。本物は目に見えないものを一瞬で見抜く力を持つ。「似而非」との違いに気づかされた。

**〔引用〕**　――魯《ろ》の卞《べん》の游侠《ゆうきょう》の徒、仲由《ちゅうゆう》、字《あざな》は子路という者が、近頃賢者《ちかごろけんじゃ》の噂《うわさ》も高い学匠《がくしょう》・陬人孔丘《すうひとこうきゅう》を辱《はずか》しめてくれようものと思い立った。似而非賢者何程《なにほど》のことやあらんと、蓬頭突鬢《ほうとうとつびん》・垂冠《すいかん》・短後《たんこう》の衣という服装《いでたち》で、左手に雄《おんどり》、右手に牡豚《おすぶた》を引提げ、勢猛《いきおいもう》に、孔丘が家を指して出掛《でか》ける。（中島敦『弟子』）

## 87 阿多福（おたふく）

**〈意味・由来〉　丸顔で鼻が低くて頬が膨れた女の顔。醜い顔の女を罵る言葉。日本の古典芸能の文楽人形ではお福、狂言面では乙御前《おとごぜ》という。起源は『古事記』の岩戸隠れの伝説に登場するアメノウズメと言われる。**

織田作之助の短編小説『夫婦善哉』に出てくる阿多福人形は、大阪・道頓堀の甘味処「めおとぜんざい」の入口横の陳列窓に座り、愛嬌を振りまいている。人気芸者でしっかり者の蝶子と駆け落ちした妻子持ちの道楽息子の柳吉が、ぜんざいを食べるラストシーンは印象的である。次々に商売に手を出しては失敗するが、それでも別れずに一緒に生きぬく蝶子と柳吉。その生きざまは、当時の読者の心をわしづかみにし、織田作之助を人気作家にした。蝶子は金に困ると惚れた弱みで、やとな（臨時雇いの芸事をする仲居）に戻り、歌い踊り、宴会を盛り上げる。我が身を削りながらも天性の明るさで人を楽しませる蝶子は、休む暇なく愛嬌を振りまく。その笑顔に「阿多福」を思い描いた。

**〈引用〉**　――柳吉は「どや、なんぞ、う、う、うまいもん食いに行こか」と蝶子を誘った。法善寺境内の「めおとぜんざい」へ行った。道頓堀からの通路と千日前からの通路の角に当っているところに古びた阿多福人形が据えられ、その前に「めおとぜんざい」と書いた赤い大提灯《おおぢょうちん》がぶら下っているのを見ると、しみじみと夫婦で行く店らしかった。（織田作之助『夫婦善哉』）

88 青二才と同じような意味です。
89「三□眼」が美しい女性、黒目がちな女性、
どちらも美しいですね。
90 見識の浅い学者のことを指すときにも使います。

---

88
黄
□
児

89
三
□
眼

90
村
□
子

# 88 黄口児（こうこうじ）

**〔意味・由来〕　年が若くて思慮経験の浅い者を嘲る言葉。青二才。未熟者。黄口。黄吻児《こうふんじ》。「黄口」**
**＋「児」の三字熟語。「黄口」は、ひな鳥のくちばしが黄色いことから、年が若くて経験の浅いこと**
**をいう。「児」には、幼い子どもの他に、若者や青年の意味がある。**

中国四千年の歴史の中で最も有名な歴史書は、『三国志』であろう。中でも諸葛亮孔明は人気が高い。劉備の名参謀としてその名は天下に轟き、あらゆる人を魅了した。そんな孔明でも実績を挙げるまでは、味方の関羽、張飛の支持すら得られず、素性をよく知らない敵からは舐められていた。敵対していた曹操軍の夏侯惇も孔明のことを「黄口児」だと馬鹿にする。ある日、劉備と孔明の首を捕るために出陣した彼は、自らの十万の軍勢の戦力を過信し、軍師の進言に耳を傾けず敵兵を猛追した。が、それこそが孔明の策だった。まんまと誘い込まれた夏侯惇の軍は、火攻めの格好の的となり為す術なく敗北した。才能を見抜けなかった夏侯惇こそ、未熟者の「黄口児」だったに違いない。

**〔引用〕**　—孔明も人間は人間であろう。そう大きな違いがあってたまるものではない。総じて、凡人と非凡人との差も、紙一重というくらいなものだ。この夏侯惇の眼から見れば若輩孔明のごときは、芥《あくた》にひとしい。第一、あの黄口児はまだ実戦の体験すら持たないではないか。（吉川英治『三国志　赤壁の巻』）

## 89 三白眼（さんぱくがん）

**〔意味・由来〕　黒目が上に偏り、左右と下部の三方に白目があるように見える目。「三白」＋「眼」の三字熟語。「三白」は「三白眼」の同意語であるが、正月の三が日に降る雪の意味を持つなど、他にもいくつか意味がある。**「三白眼」は、人相学では、犯罪者のような目つきで凶相とされるが、一方では、魅力的な印象を与えると言われる。

太宰治は「三白眼」の少女の裸体に、ほくそ笑む体験を随筆『美少女』に書いている。ある夏、暑さに閉口した作者は、妻に誘われて湯治に行く。するとよぼよぼの老夫婦に守られるように湯船に入る少女を目にする。少女は一重瞼の「三白眼」で、豊かな乳房の持ち主で、なめらかなお腹やしまった四肢の見事な裸体を持っていた。ひっそりと満足する作者。後日、作者は偶然入った散髪屋で、あの「三白眼」の美少女に出会う。作者は鏡越しに彼女に笑みを送るも、完全に無視される。だが、その少女の肉体を隅の隅まで知っていることに作者は、大変愉快な気持ちに浸る。「三白眼」の美少女のはちきれんばかりの裸体に翻弄される作者の様子が面白い。

**〔引用〕**　―少女は、きつい顔をしていた。一重瞼《ひとえまぶた》の三白眼で、眼尻がきりっと上っている。鼻は尋常で、唇は少し厚く、笑うと上唇がきゅっとまくれあがる。野性のものの感じである。髪は、うしろにたばねて、毛は少いほうの様である。（太宰治『美少女』）

## 90 村夫子（そんぷうし）

**〔意味・由来〕　田舎で文化人や学者と言われる人。また、物事の捉え方が狭い学者をあざ笑う言葉。そんふうし。「村」＋「夫子」の三字熟語。**

昔、剣士は、将軍や大名に召し抱えられることを目標に剣法の修業に励んでいた。だが、一つだけ士官を求めない剣の流派があった。馬庭念流《まにわねんりゅう》である。坂口安吾は、その世界を随筆『馬庭念流のこと』に描いている。作者は正月の道場びらきに行く。馬庭念流の四天王は、五、六十代の村夫子だという。道場には、八十前後の老人が三人ほどおり、動きやすいように股立《ももだち》をつまみ、帯や腰ひもに挟み込むと、木刀を握って立った途端、人相がキリリと一変してひきしまり、腰までピンと伸びるようだという。へっぴり腰の「無構え」という独特な型は格好悪いが、ひとたび剣を持つと実用的なことこの上なく、一撃で相手を仕留める技量も持つ。「夫子」は賢者や先生を意味するが、「村」を一文字つけて「村夫子」にすると、軽い嘲笑の漂う言葉に変わる。人を見た目で判断すると痛い目にあう。

**〔引用〕**　―現在の四天王は六十がらみ、五十がらみの人たちであるが、いずれも見るからに村夫子。八十前後の老人が三人ほどイソイソと袋竹刀や木刀を振って道場に立つ。野良からあがって手足をすすぎ紋服や垢のつかない着物をきて晴れの道場びらきに出てきたという様子である。（坂口安吾『馬庭念流のこと』）

91美しい女性に誘われて、ホイホイついていったら、
「美□局」だったというのは、時代劇ドラマによく出てきますね。
92都会に住んでいる人のこと。
93カジノとかで根拠なく「えいやっ！」と
大金を賭けたりする状態を言います。

---

91

美
□
局

92

都
□
士

93

不
□
転

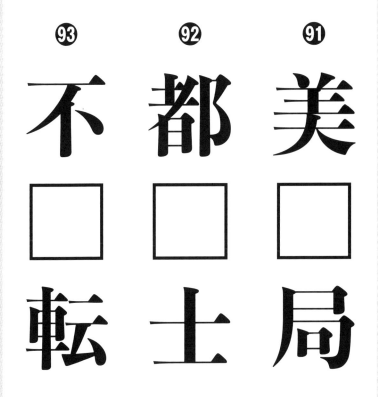

## 91 美人局（つつもたせ）

**〈意味・由来〉 女が、夫や情夫とつるんで他の男をたらし込み、金銭をゆすりとること。元は賭博用語の「筒もたせ」で、いかさまのサイコロ賭博の筒を指すとか、男性器や女性器の隠語だ、といわれているが、ハッキリしない。**

歌舞伎「弁天娘女男白浪《べんてんむすめめおのしらなみ》」には、弁天小僧が呉服商「浜松屋」で、美人局を語る場面がある。上物の黒ちりめんに身を包み、高貴な娘に化けた弁天小僧。店先で百両をまんまと騙し取って帰ろうとするところを、店の奥から現れた武士に男だと見破られた途端、「もう化けちゃいられねえ」と、突然、娘から野太い声の男に変わる。帯を解いて片肌を脱ぐと、彫り物をあらわにする。「知らざあ言って聞かせやしょう」の名台詞。子どもの頃からの悪事が積み重なって、とうとう江ノ島を追い出されて、若衆姿で美人局、と己の素性を語る。美から醜への急転直下に、衝撃を受けた。美人局を疑似体験した。

**〈引用〉** ― 「百が二百と賽銭の、くすね銭せえだんだんに、悪事はのぼる上の宮、岩本院で講中の、枕探しも度重り、お手長講の札付きに、とう〱島を追いだされ、それから若衆の美人局、こゝや彼処の寺島で、小耳に聞いた音羽屋の、似ぬ声色で小ゆすりかたり、名さえ由縁の弁天小僧菊之助たァ、おれがことだ。（斎藤孝『CDブック 声に出して読みたい日本語』）

## ㉒ 都人士（とじんし）

〔**意味・由来**〕 **都会に住む人々。「都人」＋「士」の三字熟語。**

田んぼの中で、からからからからと歯切れよく鳴く声は、たにしなのか、蛙なのか。この論争は毎年繰り返されるらしい。与謝蕪村《よさぶそん》も、「よく聴けば桶に音を鳴く田螺哉《たにし》」と俳句に詠んでいると、美食倶楽部で名をはせた北大路魯山人は、随筆『田螺』にそう書いている。結局、たにしか、蛙か、の真偽のほどは定かではなく、いつも「都人士」の間でうやむやにされてしまう。それよりもたにしは食用として美味であり、食通の中では垂涎《すいぜん》の一品たり得るそうだ。生薑《しょうが》の煮つけや味噌汁、木の芽和え、料理屋風に美化して串ざしの田楽など。魯山人は、たにしを毎日食べていると体の具合がよいという。魯山人は、幼い頃、余命がないことを医者から診断された時、田螺を食べさせてもらったところ、それが幸いしたのか、全快したという美食家らしい体験を持っている。

近年は寄生虫が多く、危ないと言われることもある、たにし。下処理をしてしっかり熱を入れることが大切だという。好きな人にはたまらない味に違いない。

〔**引用**〕 ―とは言ってみても、遂にたにしの声か、蛙の声かは謎として、いつも都人士に葬られてしまうのが常である。しかし、たにしも鳴く、蛙も鳴くでよかろうと思うのである。それよりも、たにしという奴はなかなかバカにならぬ美味の所有者であることだ。（北大路魯山人『田螺』）

## 93 不見転（みずてん）

**〔意味・由来〕　相手を選ばずに売春する芸者。後先のことを考えずに物事を行うこと。**

織田作之助を一躍時の人にした随筆『世相』。敗戦直後の大阪の世相を描こうとあがいた作者の日々が綴られる。中でも作者が興味を持ったのが、阿部定《あべさだ》事件である。昭和十一（１９３６）年、阿部定は、東京尾久町の待合で、情夫と性交中に相手を扼殺《やくさつ》して局所を斬り取り、逃亡した。神田の畳屋の末娘として生まれた少女は十四で男を知り、十八で芸者になり、その後次々に職を変えながら堕ちていく。そして、住み込み仲居として入った店の主人と不倫関係になり、稀代《きだい》の情痴《じょうち》事件を起こすのである。作者は、偶然手にした容疑者、定の陳述書を読むうちに、どんな私小説もこれほど心の内をさらけ出したものはない、と唸る。定の生い立ちにも興味を抱いた作者。事実は小説より奇なり、である。

**〔引用〕**　―神田の新銀町の相模屋という畳屋の末娘として生れた彼女が、十四の時にもう男を知り、十八の歳で芸者、その後不見転、娼妓、私娼、妾、仲居等転々とした挙句、被害者の石田が経営している料亭の住込仲居となり、やがて石田を尾久町の待合「まさき」で殺して逃亡し、品川の旅館で逮捕されるまでの陳述は、まるで物悲しい流転の絵巻であった。（織田作之助『世相』）

第5章

# 思わず笑ってしまう三字熟語

主人から云うと強情を張っただけ迷亭よりえらくなったのである。世の中にはこんな**頓□漢**な事はままある。強情さえ張り通せば勝った気でいるうちに、当人の人物としての相場は遥《はる》かに下落してしまう。不思議な事に頑固の本人は死ぬまで自分は面目《めんぼく》を施こしたつもりかなにかで、その時以後人が軽蔑《けいべつ》して相手にしてくれないのだとは夢にも悟り得ない。（夏目漱石『吾輩は猫である』）

㉔おまぬけな人のことを指します。
㉕家の「我□多／瓦□多」が、
メルカリでお宝として売れたら嬉しいですね。
㉖藤子不二雄の人気SFギャグ漫画で、主人公は「奇□烈大百科」を
参考に次々と画期的な発明をしていきます。ワクワクしましたね。

㉖ 奇□烈

㉕ 我□多／瓦□多

㉔ 安□丹

# 94 安本丹（あんぽんたん）

**〔意味・由来〕　間が抜けていて愚かな行為であること。愚か者やばか者、あほうを言う。語源には、諸説あるが、いずれも定かではない。**「あほ」を擬人化した「あほう太郎」から「あほたら」になった、薬の「万金丹《まんきんたん》」や「反魂丹《はんごんたん》」からきている、カサゴの俗称、フランス語の'apontan'が「あんぽんたん」に転じた、などと言われる。

「雨にけふる神島を見て　紀伊の国の生みし南方熊楠を思ふ」昭和天皇

この御製が刻まれた碑は、和歌山県の南方熊楠《みなかたくまぐす》記念館の前に建立されている。熊楠は明治から昭和にかけて、博物学や生物学や民俗学など多方面の分野で学者として活躍した人で、昭和天皇に進講し、粘菌標品を進献した。民族学研究の『十二支考』では、十二支の動物をテーマに数々の伝説が引用されている。虎について書かれた『十二支考虎に関する史話と伝説民俗』には、十返舎一九の『売名安本丹』の一節がある。十返舎一九は、江戸時代後期に戯作者や絵師として活躍し、代表作『東海道中膝栗毛』があり、他にも洒落本や人情本などが多い。熊楠は、江戸時代の図説百科事典『和漢三才図会《わかんさんさいずえ》』全百五巻八十一冊の膨大な量を八歳から十七歳まで書き写した。「安本丹」とは真逆の人である。

**〔引用〕**　——一九《いっく》の『安本丹』てふ戯作に幽霊を打ち殺すと死ぬ事がならぬから打ち生かすかも知れぬとある。（南方熊楠『十二支考虎に関する史話と伝説民俗』）

# 95 我楽多／瓦落多（がらくた）

**〈意味・由来〉　価値や使い道がない物。物がごちゃごちゃとあり、値うちのない雑多品や半端物のこと。「我楽多」や「瓦落多」は当て字といわれる。**

「我楽多」と聞くと不用品を想像する人もいる一方で、掘り出し物かもしれないとウキウキする人もいるようだ。骨董やアンティークの世界では、一見、我楽多に見えても破格の値がつくものもあり、好事家にはたまらない。岡本綺堂は、玩具屋で旧式の我楽多玩具を見ると、昔の友に出逢ったような心持になるという。二束三文の我楽多のおもちゃの面白さを『我楽多玩具』に書いている。作者は、歴史的な古い玩具や新案の贅沢な玩具に興味はわかず、どこの店の隅にもあるようなひと山いくらの我楽多玩具に喜びを感じるそうだ。時代を担うゼンマイ式のおもちゃには目もくれず、子供たちに馬鹿にされながらも、張子の仮面を手に取り、昔を懐かしむのが幸福なのだ、と。いくつになっても子供のように無邪気な人は、魅力的である。

**〈引用〉**　―玩具に向う時はいつもの小児《こども》の心です。むずかしい理窟なぞを考えたくありません。随って歴史的の古い玩具や、色々の新案を加えた贅《ぜい》な玩具などは、私としてはさのみ懐しいものではありません。何処《どこ》の店の隅にも転がっているような一山百《ひゃくもん》文式の我楽多玩具、それが私には甚《ひど》く嬉しいんです。（岡本綺堂『我楽多玩具』）

# 96 奇天烈（きてれつ）

〈意味・由来〉 **言葉にできないほど非常に風変わりなさま。奇妙奇天烈で使われることが多い。**

牧野信一は、随筆『坂口安吾君の『黒谷村』を読む』で、安吾の作品を奇天烈だ、と称賛した。牧野の自殺後、安吾は随筆『牧野さんの死』で牧野の人となりを書いている。それもまた「奇天烈」であった。安吾によると、牧野は貧乏であった。いや、「貧乏でなければならなかったのだ」という。一方で牧野は明るくある必要もあった。ある日、安吾と銀座で酒を飲んだ牧野は、泥酔し、女房への土産に陸上競技で使う投槍を買う。彼は、それを担いでかちどきをあげながら自宅の門をくぐった。その土産を買ったせいで牧野の金はなくなり、明日の米にも困る始末であったらしい。安吾の作品を「奇天烈」だと評した牧野。いや、牧野の言動も十二分に風変わりだと思う。類は友を呼ぶのだ。

〈引用〉 —といふのは友情的な心懐を全く別にして予々《かね》僕はこれらの作品については、その厭世の偏奇境から沸然として発酵し奇天烈無比なる滑稽演説家「風博士」との会合以来、澄明の大気の彼方にありあり髣髴する蜃気楼の夢に眼を視張らせられて恍惚の吐息に愉悦を味はふこと幾度《いくたび》—（牧野信一『坂口安吾君の『黒谷村』を読む』）

㊣追いつめられたイタチの
臭いおならが語源です。
⑱修学旅行の時の「雑□寝／雑□寝」も、よい思い出の１つです。
⑲悔しいときは「地□駄／地□太」を踏みます。

---

97
最□屁

98
雑□寝／雑□寝

99
地□駄／地□太

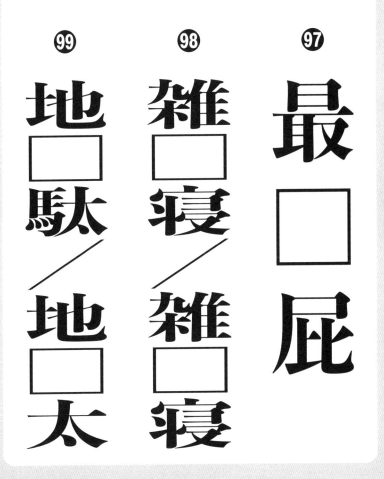

# 97 最後屁（さいごっぺ）

**〔意味・由来〕　窮地に陥ったイタチが出す極悪臭の屁。転じて、切羽詰まったときの行動。悪あがき。最後っ屁とも書く。**

日本のSF小説の元祖と言われる海野十三（うんのじゅうざ・うんのじゅうぞう）の短編小説『発明小僧』には、ユーモアに富んだ発明品がずらりと並ぶ。雨天時に自動車から不躾《ぶしつけ》にひっかけられる泥ハネに対抗する「自動車用ペンキ爆弾」。いつでもどこでもギャンブルが楽しめる「携帯型賭博器」。中でも、ある車掌が発明した「切符を折らせない方式」がユニークである。昔、電車に乗ると切符や乗車券は金と引き換えに手渡された。車掌は切符を折ったり丸められたりすると、確認が厄介である。そのような行儀悪さは、イタチの最後屁のような悪臭を利用すればよい。切符を折ると自動的に極悪臭の粘液が出て、しばらく臭いが取れずに天罰覿面《てんばつてきめん》であろう、と考える。だが、乗客が切符を簡単に折れない厚さにすれば円満解決になり、本発明はどこにも採用されないと結んでいる。現代では切符よりもICカードが主流になった。「最後屁」の発明が影響したかどうかは不明である。

**〔引用〕**　―切符を折らせない方式　本方式は折ってはならない切符を折るときは、切符内より鼬《いたち》の最後屁の如き悪臭ある粘液を排泄《はいせつ》し、指などに附着するときは約一週間後にあらざれば、悪臭が脱けないように製作し、よって切符を折らせない方式である。（海野十三『発明小僧』）

# ㊽ 雑魚寝／雑居寝（ざこね）

**〈意味・由来〉　大勢の人が入りまじって雑然と寝ること。「雑魚」＋「寝」の三字熟語。雑魚とは元来、漁師や鮮魚を扱う商人の間で使われていた言葉で、釣りや漁業の際に釣れる小さくて商品価値の低い小さな魚のことを言う。**

太宰治の短編小説『眉山《びざん》』は、若松屋という飲み屋が舞台である。主人公の「僕」にとって若松屋はツケがきいて「雑魚寝」もできる気の置けない店であった。そこに好奇心が旺盛のトシちゃんという女中がいる。トイレが近くて粗相《そそう》を繰り返しているトシちゃんに、「僕」とその仲間は、彼女の無知からくる言動をもじり、眉山というあだ名をつけて散々ばかにする。後に、彼女の粗相は末期の腎臓結核が原因だったことを知る。彼らは自分の行動を恥じ、二度と若松屋を訪れなかった。「僕」をはじめ、芸術家の悪口を軽やかにかわしながら、威勢よく働くトシちゃんの明るさが尊い。いなくなって初めてその人の存在の大きさに気づく。物語の結末にグッとくる。

**〈引用〉**　—「イグザクトリイ。あいつは、うるさい。フウルというものだ。」そう言いながらも僕たちは、三日に一度はその若松屋に行き、そこの二階の六畳で、ぶっ倒れるまで飲み、そうして遂《つい》に雑魚寝という事になる。僕たちはその家では、特別にわがままが利《き》いた。何もお金を持たずに行って、後払いという自由も出来た。（太宰治『眉山』）

## 99 地団駄／地団太（じだんだ）

**〔意味・由来〕　地面を何度も何度も踏みつけること。「地団駄を踏む」は悔しがる様子を表す。子供が足をジタバタさせて「駄々をこねる」は、「地団駄」が語源であると言われる。**

太宰治の短編小説『黄金風景』は、作者の少年時代の回想シーンから始まる。作者は子供の頃、余り質《たち》がよくなくて、女中をいじめていた。女中の名はお慶といい、随分のろくさかった。彼女は、すぐにぼんやりしてしまい、頭の働きが劣っているのではないか、と思われた。作者は子供心にお慶をうすみっともなく思い、妙に癇《かん》にさわったので、背筋の寒くなるような非道な言葉を投げつけていた。大人になり、家を追われてしまった作者は、毎日やっとのことで生活をしていた。ある日、戸籍調査のために警官が訪ねてくる。彼はお慶の夫であった。お慶がいつも作者の噂をしていると伝え、家内と訪問することを約束し、その場を去る。後日、お慶と家族の幸せそうな様子を見た作者は自責の念にかられて、地団駄を踏むような荒んだ歩き方で、その場を後にした。作者の胸中に思いをはせた。

**〔引用〕**　――私はかなしく、お慶がまだひとことも言い出さぬうち、逃げるように、海浜へ飛び出した。竹のステッキで、海浜の雑草を薙《な》ぎ払い薙ぎ払い、いちどもあとを振りかえらず、一歩、一歩、地団駄踏むような荒《すさ》んだ歩きかたで、とにかく海岸伝いに町の方へ、まっすぐに歩いた。私は町で何をしていたろう。（太宰治『黄金風景』）

100 無一文のこと。
101 好色なことやその人。
102 突然調子はずれの奇声をあげたりするさま。

---

100
素
□
貧

101
助
□
衛

102
素
□
狂

## ⑩⑩ 素寒貧（すかんぴん）

**〔意味・由来〕　ひどい貧乏で自分の身体の他に何もないこと。まったく金がない状態やそういう人。「素」＋「寒貧」の三字熟語。中国三国時代の人物で『三国志』にも登場する石徳林《せきとくりん》の別の名を寒貧《かんぴん》といい、ひどく貧乏な暮らしをしていたことから「素寒貧」という言葉が生まれたと言われる。**

吉川英治は『親鸞《しんらん》の水脈』で、小説を書き始めたきっかけを語っている。無一物《むいちもつ》で東京に出てきて苦学していた。当時、「素寒貧」だったが、他の青年よりも心構えはあった。職を転々としながら、三十歳の頃に新聞の学芸部で働き始めると、ある日社長から親鸞について書くように言われ、それが、新聞小説の処女作になったという。文章を書く経験が一切なかった作者は、社内外から非難を受けながらも連載を完走する。作家になるとは、夢にも思わずに、母弟妹を養うためにただ働いていた、という。

**〔引用〕**　—無一物で東京に出てきて、苦学しながらも、夢だけは、いつも失っていないんです。だから素寒貧でいながらも、気宇だけはまあ今のリアルな青年よりは豊かだった。そしてどうやらささやかな家を一軒持って、両親と一緒に暮せるようになったのが二十五歳前後でした。まだ新聞社にもつとめておりませんでした。（吉川英治『親鸞の水脈』）

# 101 助兵衛（すけべえ）

**〔意味・由来〕**　好色なこと。また、その人を言う。すけべい、すけべ、とも言う。

**色情、肉欲、情欲など性欲の強さを表す言葉は数多いが、好きをしゃれて擬人化した「助兵衛」には、憎めない雰囲気が漂う。**森鷗外の短編小説『心中』は、実話を元にしているという。舞台である宿屋の先代の主人は「助兵衛」であった。生前、七十に近いその主人は、毎朝五時になると二階に上がり、十四、五人の女中が、二十畳敷の部屋に目刺を並べたように寝ている布団を片端からまくって歩く。朝起は勤勉だ、と言うものの下心からの行為で、実際は女中部屋に時折、夜這《よば》いをするような助兵衛爺《じい》さんであったそうだ。この宿屋には、お金《きん》というおしゃべり好きで奇妙な癖をもつ女中が、すべての客に語る話がある。ある冬の夜、お金がふと目を覚ますと、二人の女中が用を足すために、手水に行った。その時、お金は、お蝶の布団も空だと気づく。二人の女中は、お蝶が手水場で喉を短刀でかき切られて疵口《きずぐち》からひゅうひゅうと息を漏らして死にかけている姿を見つける。心中であった。助兵衛爺さんのエピソードと結末のギャップが凄まじい。

**〔引用〕**　―朝起は勤勉の第一要件である。お爺いさんのする事は至って殊勝なようであるが、女中達は一向敬服していなかった。それればかりではない。女中達はお爺いさんを、蔭で助兵衛爺さんと呼んでいた。（森鷗外『心中』）

# 102 素頓狂（すっとんきょう）

**〔意味・由来〕　突然その場の雰囲気に合わない言動をする様子。急に間の抜けた振る舞いをすること。「素」＋「頓狂」の三字熟語。「素」は、言葉の前について、その意味を強める働きをする。「頓狂」は、調子はずれの言動をするさま。**

幻想的な作品で新境地を拓き「ギリシャ牧野」と呼ばれた牧野信一。島崎藤村に見いだされ、坂口安吾の才能をいち早く見抜いて賞賛した人でもある。『幽霊の出る宮殿』は、当時の作者が四、五年にわたり、一年に二回以上、天涯の孤独者のように赴いた、とある山村での様子を描いている。読むことも書くことも、自分を愛することも憎むことも忘れて、自殺の真似ごとばかり繰り返す作者。親戚から煙たがられ、翻訳家として見栄を張りたくてもその実力すらない。英単語の発音も怪しく、友人から「素頓狂」に響いて耳障りだと言われる。この作品は牧野が三十九歳で縊死《いし》する二ヶ月前に書かれている。素頓狂な声は、救いを求める叫びではなかったか。十七年間の作家生活はあまりにも短い。

**〔引用〕**　―夜更けに千鳥あしで小屋へ戻ると、わたしは近頃〝Haunted Palace〟を合言葉に唱つたが、そんな時間までもわたしの堅い椅子に腰かけて、こつこつと仕事に没頭してゐるオガワは、わたしの歌が一向に詩人の趣きをつたへて荘重ではなく Haunted――どころか、河童でゞもあるかのやうに素頓狂に響いて、耳障りになると滾した。（牧野信一『幽霊の出る宮殿』）

103 一番高いところのことです。
104 「駄□螺」を吹く、という言い方をします。
105 往年の人気アニメ『赤胴鈴之助』の冒頭シーンのセリフは、
「猪□才な小僧め！名を、名を名乗れ！」でした。

---

103
素
□
辺

104
駄
□
螺

105
猪
□
才

## 103 素天辺（すてっぺん）

〈意味・由来〉　一番高い所。頂上、最初。最高。最上。また、その地位。「素」＋「天辺」の三字熟語。「素」は、接頭語で「天辺」の意味を強める働きをしている。

農民運動家の犬田卯《いぬたしげる》は、昭和の小説家として活躍した。妻の住井すゑは、代表作『橋のない川』で、奈良を舞台に被差別部落の人々の生活と闘いを描いている。犬田には農村の様子を描いた作品が多く、短編小説『瘤《こぶ》』もその一つである。とある農村の村長と農民のかかわりは、資本家と労働者の対立の図式のようである。そこには左の頬に茶碗大のぐりぐりした瘤があるところから、村民から「瘤」と陰口を叩かれる極悪村長がいた。前村長が死去して二年間は村長の役職は空位のままにしておくという決まりができたのにもかかわらず、コネ、権力を使いその座についた前々村長でもある津村。彼は重税を課し、村民から金を搾《しぼ》り取り、自身に都合のいい村運営を行う。額から頭の「素天辺」がつるつるに禿げている小作農の森平は、ただ一枚残っていた畑を取り上げた組合の内幕について話し出す。非道な事実の中に、作者が使う「素天辺」の言葉のリズムが楽しい。

〈引用〉　―ふと、大仰に言っている声に振り向くと、それは造化の神が頭部を逆に――眼鼻口は除いて間違えて付けたのではないかと思われるほど頬から頤へかけて漆黒の剛毛が生え、額からあたまの素天辺はつるつるに禿げている森平という一小作農であった。（犬田卯『瘤』）

## 104 駄法螺（だぼら）

**〔意味・由来〕　ひどくでたらめな話。実際より大げさでくだらない話をすること。「駄」＋「法螺」の三字熟語。「駄法螺を吹く」と使う。「駄」は名詞の前につくと、つまらない、粗末な、の意味になる。**

芥川龍之介の『西郷隆盛』には、作者の友人である本間さんの実体験が描かれている。本間さんは、大学生の頃、西南戦争を題材にした卒業論文を書くつもりでいた。ある日電車の中でどこか見覚えのあるような老紳士に話しかけられた本間さんは、卒業論文のテーマについて話す。定説では、西郷は城山の戦いで戦死したと言われており、彼もそれを信じている。老紳士は史実の怪しさに触れ、「西郷隆盛は今も生きている」と言い切る。本間さんはそれを信じかけるも、結局それは駄法螺であった。実は老紳士の正体は、著名な学者であった。青年らしい正直な考えを持っている本間さんに対して、少しばかりの悪戯《いたずら》をする気になったと笑い、本間さんの卒論への考えにエールを送る。「駄法螺」な話しぶりが愉快である。

**〔引用〕**　──本間さんはそれを見ると何故か急にこの老紳士が、小面《こづら》憎《にく》く感じ出した。酔っているのは勿論、承知している。が、いい加減な駄法螺を聞かせられて、それで黙って恐れ入っては、制服の金釦《きんボタン》に対しても、面目が立たない。（芥川龍之介『西郷隆盛』）

## 105 猪口才（ちょこざい）

**〈意味・由来〉　小生意気で差し出がましいこと。ずるくて抜け目がない様子。また、そのような人。「猪口」＋「才」の三字熟語。盃の「猪口」とは無関係である。「猪口才」の「猪口」はちょこまかなど、落ち着きがなく動き回る様子を表す。「才」は才能を意味する。**

「生かすことは殺さないことである。生かされているか殺されているかを見分ける力が料理人の力であらねばならぬ」。多才な芸術家であり、美食家である北大路魯山人は『持ち味を生かす』でそう言い切る。素材の味を生かすことを持論にする魯山人は、砂糖さえ加えればうまい料理になる、という当時の人々の「猪口才」で浅はかな考えに待ったをかける。数々の調味料が市場を席巻する状況を嘆き、日本人の味覚の低下を示唆《しさ》する。また、作者は世界随一の美食宝庫である日本に生まれながら、流行に流されて自分に必要な栄養を把握していない人々の生き方を憂う。今、魯山人が生きていたら現代の食文化の猪口才さに唸るだろうか、笑うだろうか。

**〈引用〉**　―生かすことは殺さないことである。生かされているか殺されているかを見分ける力が料理人の力であらねばならぬ。神様が人間に下し給うたとみるべき人間食物の個々の持ち味は、残念でも年を経るに従って、人間の猪口才がすべてを亡ぼしつつあるようだ。（北大路魯山人『持ち味を生かす』）

106 語尾に「ぷん」という言葉をつけて使うことが多いです。
107 ほかに比べようのないほど風変わりな様子のことを言います。
108 「突□貪」な言い方をされたら、ムッとします。

---

106

珍□漢／珍□漢

107

珍□類

108

突□貪

## 106 珍紛漢／珍糞漢（ちんぷんかん）

**〈意味・由来〉　言葉や話がまったく通じず、何が何だか分からないこと。また、それを言う人。漢字は当て字である。語源は諸説あり、当時の儒学者が漢字をむやみに音読みにして威厳を保とうとした様子をからかったとされるとか、外国人の言葉を口まねした、と言われる。**「ちんぷんかんぷん」は、「ちんぷんかん」に「ぷん」をつけてリズムよくした言葉とされる。

博士に推薦された夏目漱石は、それを辞退する。その際、多方面の人々から祝文をもらったが、マードック先生からの手紙には驚いたと『博士問題とマードック先生と余《よ》』に書いている。マードック先生とは、二十年前から疎遠であった。当時は、毎週五、六時間必ず先生の教場へ出て英語や歴史の授業を受けており、時々、私宅まで押しかけて話を聞いたほど親しかった。ギリシャ語文学を薦められたこともあるが、その難解さは半端なものではなかった。英国の表現では、あまりに「珍紛漢」なことをギリシャ語というらしい。漱石の教養の深さは、マードック先生からの影響が大きいと思う。その出会いがなければ、夏目漱石もいなかったのかもしれない。偉人には必ず、よい師がいる。

**〈引用〉**　―すると先生は天来の滑稽を不用意に感得したように憚《はばか》りなく笑い出した。そうしてこれは希臘《ギリシャ》の詩だと答えられた。英国の表現《エキスプレッション》に、珍紛漢の事を、それは希臘語さというのがある。（夏目漱石『博士問題とマードック先生と余』）

## 107 珍無類（ちんむるい）

**〔意味・由来〕 他に例のないくらい非常に珍しいこと。この上もなく風変わりでおかしい様子。**

宮沢賢治の『ビジテリアン大祭』は、世界中のベジタリアンやヴィーガンなどが集まり、菜食主義について賛成・反対の立場から徹底的に討論し合う物語である。

ビジテリアンとは、今のベジタリアンで菜食主義者を言う。ベジタリアンにも大きく分けると、病気の予防のために肉を食べない「健康推進派」と、動物がかわいそうだから食べない「動物愛護派」の二種類がいる。会場になった教会の入口では、菜食主義を批判するパンフレットが撒かれている。食べ物はほとんど肉か野菜であり、その片方を食べることを禁ずることは、世界の人類に飢餓を強制することに等しい、と。その文章が目に留まるとベジタリアンの仲間は、「珍無類である」と一笑に付した。宮沢賢治自身も一時期、ベジタリアンだった経験を持つ。賢治の生きた時代にこの物語の視点は、かなり斬新で「珍無類」だったであろう。

**〔引用〕** ──「（前略）則ちビジテリアンは動物を愛するが故《ゆえ》に動物を食べないのであろう。何が故にその為に食物を得ないで死亡する、十億の人類を見殺しにするのであるか。人類も又動物ではないか。」「こいつは面白《おもしろ》い。実に名論だ。文章も実に珍無類だ。実に面白い。」トルコの地学博士はその肥《ふと》った顔を、まるで張り裂《さ》けるようにして笑いました。（宮沢賢治『ビジテリアン大祭』）

## 108 突慳貪（つっけんどん）

**〔意味・由来〕** **物の言い方や態度がとげとげしくて、相手を不快にさせる様子。「突」＋「慳貪」の三字熟語。「慳貪」は仏教の言葉で、「慳」は物惜しみをすること、「貪」は貪欲なことをいう。「突」は接頭語で「慳貪」を強める働きをする。**

芥川龍之介の『杜子春《とししゅん》』は中国古典「杜子春伝」を参考にした短編小説である。当時は児童向けに発表されたが、大人も楽しめる名作の一つとして知られる。唐王朝の洛陽に杜子春という青年がいた。かつては資産家の息子であったが、財産を使い果たして無一文になっていた。路頭に迷った杜子春は、仙人の鉄冠子《てっかんし》に救われて大金持ちになる。贅沢三昧の日々を送り交友関係も広がる杜子春であったが、彼が再び一文無しになると、人はすぐに離れていく。人間の薄情さに嫌気がさした杜子春は、再び現れた仙人に向かい、「突慳貪」に「人間に愛想がつきた」と言い放ち「仙人にしてほしい」と懇願する。仙人は杜子春に試練を与える。何度も窮地を救ってくれた仙人に感謝の気持ちを持たずに、突慳貪な態度をとる杜子春。真に欲しかったものは、大金ではなく、無償の愛なのだ、と理解した。

**〔引用〕**　―老人は審《いぶか》しそうな眼つきをしながら、じっと杜子春の顔を見つめました。「何、贅沢に飽きたのじゃありません。人間というものに愛想《あいそ》がつきたのです」　杜子春は不平そうな顔をしながら、突慳貪にこう言いました。（芥川龍之介『杜子春』）

⑩⑨「手□煉」を引いて待つ、とよく言います。
⑪⓪いい加減なことを差します。
⑪⑪「この『唐□木』！」。昔の時代劇やドラマでは、
間抜けな人をこう呼ぶシーン、ありましたね。

---

109 手□煉

110 出□目

111 唐□木

# 109 手薬煉（てぐすね）

**〔意味・由来〕** **十二分に準備をして機会を待つこと。「薬煉」は、戦いに備えて弓の弦を補強するための粘着剤で、松脂《まつやに》を油で煮て練ってまぜたもの。「手薬煉を引いて待つ」という。**

明治期の文学結社である硯友社《けんゆうしゃ》を山田美妙らと共に結成した尾崎紅葉。最大のヒット作『金色夜叉《こんじきやしゃ》』は、途中で作者が死去したことにより未完の作品であるが、根強い人気を博しており、これまで映画化やテレビドラマ化されている。

両親と死に別れて鳴沢家に引き取られた間貫一《はざまかんいち》は、将来は鳴沢家の娘の宮と結婚して家を継ぐ予定であった。大富豪の富山は、カルタ会でダイヤモンドをひけらかして、その場の女性を虜にし、男性たちから妬みを買う。が、ただ一人、宮だけは心を惑わされずにいた。宮のたくましい姿に男どもは富山が痛い目を見るように、「手薬煉」を引いて待っていたものの、宮は富山に見初められ、富山との縁談を決めてしまう。将来を約束した宮との仲を大金持ちの富山に引き裂かれた貫一が、熱海で宮を蹴り飛ばす場面の「来年の今月今夜になつたならば、僕の涙で必ず月は曇らして見せる」というセリフは有名。女心は秋の空である。

**〔引用〕** ―偏《ひとへ》にこの君を奉じて孤忠《こちゅう》を全うし、美と富との勝負を唯一戦に決して、紳士の憎き面《つら》の皮を引剥《ひきむ》かん、と手薬煉引いて待ちかけたり。（尾崎紅葉『金色夜叉』）

## ⑩出鱈目（でたらめ）

**〈意味・由来〉　思いつくままに話したり、行動したりするので、言動が一貫していないこと。いい加減なこと。語源は、江戸時代末期から使われる賭博の隠語。「目」はサイコロ賭博に使われるサイコロの目を指し、ツボに入れて振られたサイコロの数が「出たらその目」の意味から、「でたらめ」になったと言われる。「出鱈目」は当て字で「鱈」は特に関係ない。**

文学の世界では、真実と嘘を見分けるのは難しい。坂口安吾は、随筆『桜枝町《さくらえちょう》その他』で自身の誤りについて弁明している。著作『逃げたい心』で長野市桜枝町が出てくるが、その位置が違っている、と指摘された作者は、行ったことがないから仕方ないが、だからといって作品のすべてが出鱈目ではない、と言い切る。作中の松の山温泉は、本当によく遊びに行っているが、外丸《とまる》から温泉まで四里というのは嘘で、本当は三里弱。深山の気分をだすために四里と書いたそうだ。よく知っている松の山温泉は、平気で嘘を書いて空想的になれるが、知らないところは嘘にも身が入らない。事実を知った上でつく嘘は、後ろめたくもなんともない、と言い放つ。嘘も極めれば芸術になるのだ。

**〈引用〉**　──僕は桜枝町へ行つたことがないのだから話にもならないわけで、長野の人に怒られても仕方がないのである。然しあの小説の中の一々が出鱈目ではないので、たとへば読者が最も眉唾物に思ひさうな貧乏徳利だが、あれは私も実物を見てゐる。（坂口安吾『桜枝町その他』）

# ⑪ 唐変木（とうへんぼく）

**〔意味・由来〕相手の言う事を素直に受け入れようとしない人をののしる言葉。偏屈でわからずやをあざける言い方。**

太宰治の短編小説『黄村先生言行録《おうそんせんせいげんこうろく》』は、黄村先生が山椒魚《さんしょううお》に凝り、弟子を翻弄させながら大損する物語である。黄村と書いて何と読むのかと迷っていると、大損したことと黄村をかけたユーモアであった。主人公の「私」の師である黄村先生は、風流や他の生き物に全くと言っていいほど興味がない。ある日ふと立ち寄った水族館で山椒魚の虜になり、しまいには伯耆国《ほうきのくに》淀江村にいる一丈の山椒魚を手に入れたいと言いだす。「私」は呆れ果てるが、たまたま旅に訪れた時に見世物にされている山椒魚を知り、先生に電報を打つ。先生は見世物屋の大将に山椒魚を譲ってくれるように頼むも、彼は隠居老人の道楽のために商売道具を売るつもりはさらさらない。「唐変木め！」と憤慨する。意気消沈した先生は「趣味の古代論者、多忙の生活人に叱咤《しった》せらる」と悲しそうに「私」に微笑んだ。少年のようにしょげ返る黄村先生がいじらしい。

**〔引用〕**　―こっちは大事な商売をほったらかして来ているんだ。唐変木め。ばかばかしいのを通り越して腹が立ちます。」「これは弱った。有閑階級に対する鬱憤積怨《うっぷんせきえん》というやつだ。なんとか事態をまるくおさめる工夫は無いものか。これは、どうも意外の風雲。」（太宰治『黄村先生言行録』）

112 鍛冶屋の鉄を打つ音、
「トン・□・カン」からきています。
113 狂言の「野□松／野□間」人形が語源です。
114 永井豪の人気漫画・アニメ『「破□恥」学園』(題名はカタカナ)。
当時としてはセクシュアルな場面が多くて話題になりました。

112 頓□漢

113 野□松／野□間

114 破□恥

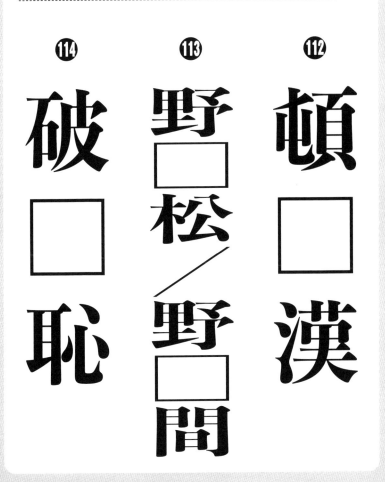

## ⑫ 頓珍漢
（とんちんかん）

**〈意味・由来〉　見当ちがいの言動でつじつまが合わないこと。的外れで間抜けなこと。そのような人。昔、鍛冶屋で親方と弟子が鉄を打ち合う時に弟子のタイミングがずれると、「とんちんかん」と聞こえたことから生まれた言葉と言われる。**

夏目漱石の処女小説『吾輩は猫である』。落語好きであった漱石の作品は、三字熟語の宝庫である。リズミカルで滑稽で、漱石自身が創りだす三字熟語も面白い。漱石自身がモデルといわれる中学教師の珍野苦沙弥《ちんのくしゃみ》の家の、名前のない猫「吾輩」の視点から人間世界に鋭くもユーモラスに切り込み、人間がいかに傲慢な生き物であるかを語る。例えば、人間は四本ある足を二本しか使わない。食事を与えられることにも感謝がなく、強情を張ることで価値を下げているのに気が付かず、相手より偉くなったと勘違いする。このような行動で、猫から「頓珍漢」だとバッサリ切り捨てられる人間の世界。猫と会話がしたくなる。

**〈引用〉**　—主人から云うと強情を張っただけ迷亭よりえらくなったのである。世の中にはこんな頓珍漢な事はままある。強情さえ張り通せば勝った気でいるうちに、当人の人物としての相場は遥《はる》かに下落してしまう。不思議な事に頑固の本人は死ぬまで自分は面目《めんぼく》を施こしたつもりかなにかで、その時以後人が軽蔑《けいべつ》して相手にしてくれないのだとは夢にも悟り得ない。（夏目漱石『吾輩は猫である』）

# ⑪③ 野呂松／野呂間（のろま）

〔意味・由来〕　頭の働きが鈍くて動作の遅いこと。そのような人。鈍間とも書く。野呂松人形を略した言葉。新潟県佐渡に伝わる素朴でひょうきんな操り人形を使う狂言を言う。

芥川龍之介の随筆『野呂松人形』には、作者が初めて野呂松人形を鑑賞する様子が描かれている。ある日、知らない人から招待状を受け取った作者は、友人のK氏も出かけることを知り、日暮里のとある別荘に出向く。世事談には、「江戸和泉太夫《いずみだゆう》、芝居に野呂松勘兵衛と云うもの、頭ひらたく色青黒きいやしげなる人形を使う。これをのろま人形と云う。野呂松の略語なり」とあり、今では使う人も数少ないらしい。大学の制服姿で出かけた作者は、和服に身を包んだ友人Kや知り合いのイギリス人を見つけると、自分が異邦人であるかのように思う。野呂松人形についてイギリス人に講釈をたれる友人Kを横目に芸術について一人考え込んでしまう。芸術家はいつも時代や場所いずれの制約も受けない普遍的な美があると信じて創作活動を続けている。それがあり得ないことをこの野呂松人形からまざまざと見せつけられていることに気付く。作者が会場に到着するまでの情景描写が繊細で、野呂松人形の舞台描写が美しい。

〔引用〕　―野呂松人形を使うから、見に来ないかと云う招待が突然来た。招待してくれたのは、知らない人である。（芥川龍之介『野呂松人形』）

# 114 破廉恥（はれんち）

**〈意味・由来〉　恥知らずな様子。不正や不徳の行いをしても平然としていること。そのような人。「破」＋「廉恥」の三字熟語。「破」は打ち壊す、破るという意味があり、「廉恥」は心が清らかで恥を知ることをいう。**

太宰治の小説『あさましきもの』には、弱くて「破廉恥」で、あさましい男の姿を描いた小話が三編ある。一つ目は、飲酒をやめようと決めたキネマ俳優の話。二つ目は、欲情にまみれる女にすり寄られる男の話。三つ目は、結婚詐欺で牢に入った男の話。どの話にも欲望が招いた人間臭い心情が見え隠れする。最後に作者自身がわが身を振り返る。酒ほしさに重い腰を上げ、人をあげつらうような文章を書いてもやっと原稿用紙六枚。大家《たいか》のようにふるまうもそう見てくれる人は数少ないと自嘲する。ただ、「あさましい」を「浅ましい」と漢字にせず、ひらがな表記にすることで、人間の煩悩を包み込むようなおおらかさがある。あさましさとは、人間らしさであろう。

**〈引用〉**　―ちょいと、ちょいとの手招きと変らぬ早春コント集の一篇たるべき運命の不文、知りつつも濁酒三合を得たくて、ペン百貫の杖よりも重き思い、しのびつつ、ようやく六枚、あきらかにこれ、破廉恥の市井《しせい》売文の徒《ともがら》、あさましとも、はずかしとも、ひとりでは大家のような気で居れど、誰も大家と見ぬぞ悲しき。一笑。（太宰治『あさましきもの』）

⑮むすっとした、不満そうな、ニコリともしない顔のこと。
⑯ストレスで疲れたらいっそ「不□寝」してみよう！
⑰「自□糞」で企画した商品が思いがけない
大ヒット商品になった例は意外に多いです。

---

⑰ 自□糞

⑯ 不□寝

⑮ 仏□面

# 115 仏頂面（ぶっちょうづら）

**〈意味・由来〉　無愛想な顔やふくれっ面のこと。仏頂尊《ぶっちょうそん》という仏が転じて生まれた語であるとか、不快な表情をさす「不承面《ふしょうづら》」や、ふてくされる意味の「不貞面《ふてづら》」が転じた語という説がある。**

太宰治の短編小説『佳日《かじつ》』は、友人のために作者が仲人を務めた際の話である。作者は人の身の上に就いて世話を焼くのは億劫《おっくう》で出来ない性分だが、友人の大隅《おおすみ》忠太郎には違った。彼は非常に博識で勉学に秀でた人間であったが、コミュニケーション能力にやや難があり、自分勝手な性格をしていたため、かわいそうに感じることさえあったからだ。結婚式の当日、そんな見識高い大隅君が涙を流して人に感謝する。不用意だった礼服をどうにかして借りなければならなくなった彼は途方にくれる。その時、結婚相手の姉の優しさに触れる。姉は戦争でいまだに帰らぬ婚約者が着るために用意していたモーニングを大隅君に託してくれたのだ。普段は「仏頂面」を決め込む彼も、涙を流しながら笑っていた。

**〈引用〉**　―廊下を出たら、大隅君がズボンに両手を突込んで仏頂面してうろうろしていた。私は大隅君の背中をどんと叩いて、「君は仕合せものだぞ。上の姉さんが君に、家宝のモオニングを貸して下さるそうだ。」家宝の意味が、大隅君にも、すぐわかったようである。（太宰治『佳日』）

# 116 不貞寝（ふてね）

**〔意味・由来〕　ふてくされて寝ること。反抗的な態度を取って寝てしまうこと。叱られたり、自分の意見が否定されたりするなど、他人との衝突が原因であることが多い。**

　1920年代から1930年代前半にかけて流行したといわれるプロレタリア文学は、労働者が直面する過酷な現実を描いたものである。日本のプロレタリア文学の傑作に小林多喜二の『蟹工船《かにこうせん》』がある。蟹の捕獲から加工までを行う蟹工船は工場船とされ、法律の範囲外の就労環境だった。現代のブラック企業もびっくりの一日十六時間労働、休日なし、医療手当なしという状況で労働者は資本家に搾取され続ける。資本家は富を最大限に得るため、労働者の怠慢を決して許さない。体調を崩してもお構いなし、不貞寝なんてもっての外である。そんな現実がおかしいと気づき始めた労働者は次第に仕事をサボることで反抗をはじめていく。最終的にストライキを決行し成功したところで物語は終わる。戦時中に発表されたこの作品は多くの労働者に希望を与えたに違いない。結末に溜飲を下げた人も多いことだろう。当時の労働者には不貞寝など、夢の話だったことだろう。

**〔引用〕**　―「風邪をひいてもらったり、不貞寝をされてもらったりするために、高い金払って連れて来たんじゃないんだぜ。――馬鹿野郎、余計なものを見なくたっていい！」（小林多喜二『蟹工船』）

# ⑪⑦ 自棄糞（やけくそ）

〔意味・由来〕 **物事が自分の思い通りにならず、どうにでもなれという言動をとること。思慮分別のない乱暴な振る舞いをする様子。やけくそは「焼け」を強める言い方で、語源は「焼け」からきており「自棄」は当て字だと言われる。自暴自棄。**

昭和時代に活躍した推理作家の大阪圭吉《おおさかけいきち》の作品には、ユーモアやペーソスがあると評されている。大阪圭吉の『カンカン虫殺人事件』もその一つで、警察すらもお手上げの造船所職員殺人事件の全容を、青山喬介という男が見事に解決するミステリーである。二人の職員が行方不明になった五日後、急にその片方の死体が海から発見される。その死体に残されたわずかな手がかりから、犯人をその日のうちに捕らえてしまう。自棄糞になった犯人は動機を語り自白する。事件は喬介がカマをかけたことで解決した。結末の大笑いが爽快である。

〔引用〕 ――『君。もう一つ訊くがね。工場の裏で二人に逢った時に、何故話を丸くしないでこんな酷《むご》い事をして了《しま》ったのかね？』喬介の質問に、キッと顔を挙《あ》げて矢島は、自棄糞に高い声で喋り出した。『こうなりゃあ、何も彼《か》もぶちまけちまうよ。三年前まで二人はあっしと一緒に天祥丸に乗り組んでいたんだ。（大阪圭吉『カンカン虫殺人事件』）

第6章

# 日本人の心情を表す三字熟語

これが**昔**□**質**の祖母《ばば》の気に入りません、ややともすると母に向いまして、『お前があんまり優しくするから修蔵までが気の弱い児になってしまう。お前からしても少ししっかりして男は男らしく育てんといけませんぞ』とかく言ったものです。（国木田独歩『女難』）

⑱往年の巨人軍Ｖ９選手の中に「悪□郎」と呼ばれた
絶対的エースがいましたね。
⑲新入社員の時に、仕事の「伊□波」を教えてくれた
先輩の恩は忘れられません。
⑳近世以降は、氏神とほぼ同じ意味で使われています。

---

| 120 | 119 | 118 |
| --- | --- | --- |
| 産 | 伊 | 悪 |
| □ | □ | □ |
| 神 | 波 | 郎 |

# ⑱ 悪太郎（あくたろう）

**〔意味・由来〕　いたずらっ子や乱暴者を人名のようにしてあざける語。他にも風太郎《ぷうたろう》や吝太郎《しわたろう》などがある。あくたれ。**

日本の伝統芸能の狂言には『悪太郎』という演目がある。乱暴者の悪太郎は酒癖が悪い。大酒を飲み酔って寝ていると、見かねた伯父により戒めとして僧侶の姿にされてしまう。目を覚ました悪太郎は、変わり果てた自分の姿をお告げだ、と信じ込み、仏道修行をすることを決め、通りがかった僧と念仏を唱える。

文豪の素顔は、手紙によって明らかにされることが多い。実は、夏目漱石は悪太郎だったようだ。漱石の門弟であった寺田寅彦は随筆『埋もれた漱石伝記資料』で漱石の知られざる一面を話題にしている。漱石の死後、熊本高等学校で漱石の同僚だったS先生から手紙が寺田に届く。寺田はそれを一読後、紛失してしまう。覚えているのは漱石が大層いたずら好きの悪太郎だったということである。これまで漱石の小説の登場人物たちに幾度となくニヤリとさせられてきた理由が分かった気がする。

**〔引用〕**　―要するに、具体的な事件は一つも覚えていないが、ただその手紙の全体としての印象は、先生が手のつけられない悪戯《いたずら》っ児《こ》の悪太郎であったということであった。（寺田寅彦『埋もれた漱石伝記資料』）

## ⑲ 伊呂波（いろは）

**〈意味・由来〉 いろは歌のはじめの三文字、または、全体の四十七文字を指す。いろは歌は、「いろはにほへと」で始まり、全ての仮名の音で作られている歌を言う。芸術や学術など物事の初歩や、習いはじめのことを言う。狂言に『伊呂波』という演目がある。**

文化の違いはおもしろい。同じ日本でありながら関東と関西では、食べ物、生活習慣、言語や風俗などに意外な違いがある。うどんやそばのだし汁は関東では濃い口だが、関西は薄口。テレビや電子レンジなどの周波数は、関東では五十ヘルツで関西が六十ヘルツ。エスカレーターに乗る位置は、関東は「左側」に立って右側を空けるが、関西では「右側」に立って左側を空ける。幸田露伴の『東西伊呂波短歌評釈』によると、カルタの読み札までもが違うのが分かる。「ろ」の読み札は、東が「論より証拠」なら西は「論語読みの論語知らず」。異文化は素直に楽しむことが一番である。

**〈引用〉** ―東京と西京とは、飲食住居より言語風俗に至るまで、今猶頗《すこぶ》る相異なるものあり。それも、やがては同じきに帰す可けれど、こゝしばらくは互に移らざらむ歟。そは兎まれ角まれ、小児の年の初に用ゐて遊ぶ骨牌子《かるた》に記されたる伊呂波短歌などいふも、東京のと西京のとは、いたく異なりて、其の同じきものは四十八枚中わづかに二三枚に過ぎざるぞおもしろき。（幸田露伴『東西伊呂波短歌評釈』）

# 120 産土神

（うぶすながみ）

**〈意味・由来〉　その人の生まれた土地を守る神。近世以降は氏神や鎮守神と同一視されることが多い。「産土」とは人の出生地や、「産土神」を略した言い方である。**

芥川龍之介の失敗作。そう書いたのは門弟三千人を抱えるほど幅広い交友関係を結び、優れた人材を輩出した佐藤春夫である。彼は、芥川龍之介の小説『妖婆《ようば》』を「芥川として明かに失敗の作品であつた」と一刀両断にした。

芥川龍之介の『妖婆』に出てくるお島婆さんは、加持祈祷《かじきとう》から呪いまでとにかく抜群の腕を持つ神降ろしの婆さんである。体中に鱗《うろこ》が生えており、婆娑羅《ばさら》の大神という神に力を借りては、お敏という少女に乗り移る。婆娑羅の大神は素性の知れない神で天狗や狐だと言われるが、お敏の「産土神」の天満宮の神主は、婆娑羅の大神のことを水府《すいふ》のものと言うほど、怪しい物の力を借りる婆さんの存在は異形だったらしい。日本には昔から怖さや怪しさを描いた怪談話がある。芥川の違った一面が見える作品である。

**〈引用〉**　――この婆娑羅の大神と云うのが、やはりお島婆さんのように、何とも素性の知れない神で、やれ天狗《てんぐ》だの、狐だのと、いろいろ取沙汰もありましたが、お敏にとっては産土神の天満宮の神主などは、必ず何か水府のものに相違ないと云っていました。（芥川龍之介『妖婆』）

121落語家古今亭志ん朝さんの「十□番」は人情噺でした。
122昆虫などを食べることを「下□物」食い、と言います。
123茶道や武道などの修行の段階を表す言葉。
京都には、この名を冠した日本酒がありますね。

---

121
十
□
番

122
下
□
物

123
守
□
離

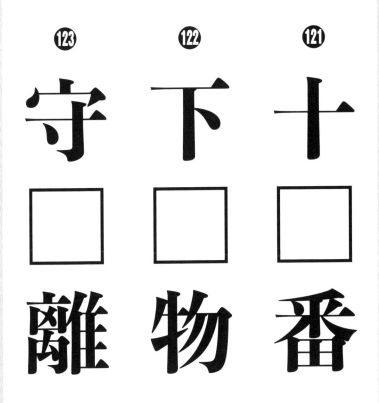

## 121 十八番（おはこ）

**〔意味・由来〕　得意な芸や得意にする物事。江戸時代に活躍した七代目市川団十郎は、市川家のお家芸である十八の演目を選んで「歌舞伎十八番」とした。団十郎が「歌舞伎十八番」の台本を箱に入れて秘蔵したことから「十八番」を「おはこ」と呼ぶようになったと言われる。**

料理好きにはたまらない。宮本百合子の『十八番料理集』には得意料理五品のレシピが並ぶ。「白菜と豚の三枚肉のお鍋」や「野菜と肉のいり煮」など手軽な日本料理からロシアの家庭料理まで幅広い。どれもが優しい言葉で書かれて料理への愛情が伝わる。

今のレシピと違うのは調理法がざっくりしていること。例えば、火加減。「あんまり強くない火で永い時間に煮ます」とある。現代人からは、中火や弱火や煮込む時間の目安を具体的に教えてほしい、と言う声がきっとあがることだろう。でも、それは違う。十八番とは、試行錯誤しながら自分で育てるものである。ちなみに日本最古の料理書は、江戸時代に刊行された『続群書類従《ぞくぐんしょるいじゅう》』飲食部の「料理物語」である。時代は変わっても十八番料理は人を幸せにする。

〔引用〕　―白菜を四糎《センチ》位に型をくずさない様にぶつぶつ切りまして、三枚肉は普通に切ったのを一緒に水をたっぷり入れてはじめからあんまり強くない火で永い時間に煮ます。味は食塩と味の素と胡椒でつけて一番終いにほんの一滴二滴醤油を落します。（宮本百合子『十八番料理集』）

## 122 下手物（げてもの）

**〔意味・由来〕　安物で粗雑な品。一般的に価値が認められず、風変わりだと思われているもの。上手物の反対語。精巧な作りに対して粗悪な作りの物を言う。**

「われと来て遊べや親のない雀」「痩蛙まけるな一茶是に有り」小林一茶

小林一茶《こばやしいっさ》は、松尾芭蕉や与謝蕪村と並ぶ江戸時代を代表する俳諧師の一人である。「一茶調」と呼ばれる独自の俳風を確立した。また、一茶の書も人の涙をそそるという。北大路魯山人は著書『一茶の書』で小林一茶を絶賛している。江戸時代に活躍した池大雅《いけのたいが》や良寛の書に似通った素質を持ちながら、「下手物的な装わない心境直写の妙相《みょうそう》をたたえているように思う」と書いている。決して奇をてらうようなものでなく、自身のありのままが出るものが芸術であり、一茶の書はそれに最も当てはまるのだという。世界一短い詩とされる十七字の俳句で独自の作風を創りだし、日本人の自然観や美意識を表現した一茶。書にも通ずるに違いない。

**〔引用〕**　―しかし、これらのうちで、一茶の書には、一番に下手物的な装わない心境直写の妙相をたたえているように思う。有欲といい、また、無欲というとも、要するに一茶においては、どうあってもいいのだろう。一茶の書に今一倍気品があり、そして、同時に気力があったら、どんなに立派であったろうか――（北大路魯山人『一茶の書』）

## ⑫③ 守破離（しゅはり）

**〔意味・由来〕 武道や芸道の修業段階を示す語。「守」＋「破」＋「離」の三字熟語。「守」は、師の教えや型などを忠実に守って身につけること。「破」は、他の師からの教えから良いものを取り入れて発展させること。「離」は、流派から離れ、独自のものを生み出して確立することを言う。**

安土桃山時代、織田信長に仕えて豊臣秀吉に重用された千利休は、たった一代で侘茶の体系を完成させた茶人である。利休は自身の教えを歌にして後世に残した。後に付け加えられたものも含め合計百二首の歌は「利休道歌」、または「利休百首」と呼ばれ茶人の心構えとして現代まで語り継がれている。そのうちの一つに、「規矩作法《きくさほう》守りつくして破るとも離るるとても本《ほん》を忘るな」というものがある。「守破離」の段階を踏まえて成長していっても物事の本質を忘れてはならないという意味がこの歌には込められている。「守破離」は、茶人の心得を超えた人生訓である。

**〔引用〕** ―規則は守らなくてはなりませんが、その規則を破っても、規則から離れても、「本」を忘れてはならないという教えです。よく「守破離」の語で表される、学びの段階について述べているのです。（淡交社編集局編『利休百首ハンドブック』淡交社）

124 文章の有名な構成としては、「起承転結」と
三段構成の「序□急」がありますね。
125 綾瀬はるかさんが、「笑点」の番組中に挑戦した
落語の演目です。
126 古典落語の演目の一つ。おならのことです。

---

124
序□急

125
垂□根／垂□女

126
転□気

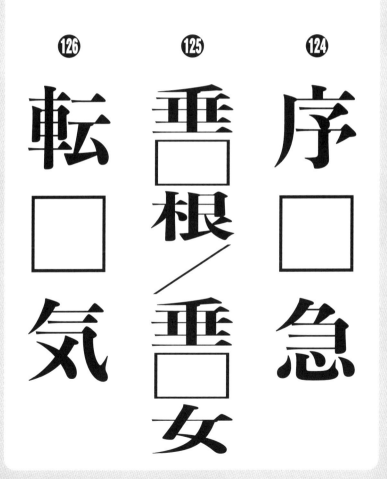

# 124 序破急

（じょはきゅう）

**〔意味・由来〕　全体を三つに分ける構成。雅楽の一つである舞楽から生まれた語。能、歌舞伎、浄瑠璃、武道、茶道などの芸道全般において広く用いられる概念である。「序」は始まり、「破」は急展開、「急」は締めくくり、とされる。**

花火は日本の夏の風物詩である。夏の夜空を引き立てる鮮やかな割物花火《わりものはなび》に心が沸き立つ一方で、線香花火の持つはかない魅力も侮れないだろう。寺田寅彦は随筆『備忘録《びぼうろく》』の中で、線香花火の燃える様子に「序破急」があると言う。火花の散る前の幾ばくかの静寂で人々の期待を集めるも、いきなり火花の放出が始まり、松葉のように次々と美しい火を散らす。その火はどんどんどんどん大きくなって、急にフッと消える。線香花火はこうしてどこか物寂しい情緒を伝えてくれる。線香花火の無常さにも美しさを見いだす日本人の心には、悟りに通ずるものがあるのかもしれない。

〔引用〕　――実際この線香花火の一本の燃え方には、「序破急」があり「起承転結」があり、詩があり音楽がある。ところが近代になってはやり出した電気花火とかなんとか花火とか称するものはどうであろう。なるほどアルミニウムだかマグネシウムだかの閃光《せんこう》は光度において大きく、ストロンチウムだかリチウムだかの炎の色は美しいかもしれないが、始めからおしまいまでただぼうぼうと無作法に燃えるばかりで、タクトもなければリズムもない。（寺田寅彦『備忘録』）

# 125 垂乳根／垂乳女（たらちね）

**〔意味・由来〕　母、母親の枕詞。親、両親、父母や父親をさすこともある。枕詞は主に和歌の修辞技法。基本的には意味がないが、特定の語の前に置くことで言葉を美しく巧みに表現したり、リズムを整えたりする働きをもつ。「垂乳根」は最も有名な枕詞の一つ。**

他にも「ちはやぶる」＋「神」、「ひさかたの」＋「光」、「あしひきの」＋「山」などの枕詞がある。

また、江戸落語の演目の一つに「たらちね」があり、「垂乳女」と書く。

近代短歌の礎を築いた正岡子規の後継者と言われる人に長塚節《ながつかたかし》がいる。療養先から帰宅した長塚節が母への感謝の気持ちを詠んだ短歌がある。

『垂乳根の母が釣りたる青蚊帳をすがしといねつたるみたれども』（長塚節『長塚節歌集　下』）

（意味）老いた母が私のために青い蚊帳を吊ってくれた。少したるんでいたけれども、それさえすがすがしく思えて、安心して眠りについた。

「母の恩は海よりも深し」という言葉を思い出す。

## 126 転失気（てんしき）

〔意味・由来〕 **古典落語の演目の一つ。屁、おならのこと。**

落語に「転失気」という、短くて聞きやすい噺がある。体調のすぐれない和尚は、診察に訪れた医者から「転失気はあるか」と尋ねられる。和尚は正直に「知らない」と言わずにその場をごまかすが、すぐに小僧を呼び「転失気」とは何かを調べに行かせる。聞く人すべてが知ったかぶりをするので困りはてた小僧は、結局、医者を訪ねて「転失気」とは「おなら」と教えてもらう。小僧が和尚に「転失気」とは盃のこと、と嘘を教えると、その後、悶着が起きる噺である。

昭和時代に落語・寄席研究家の先駆けとして活躍した正岡容《まさおかいるる》は、人間国宝の落語家・桂米朝の師である。桂米朝は『私の履歴書』（日本経済新聞社）に、「正岡容は異能であった」と書いている。また「芥川龍之介が菊池寛宛のハガキで激賞し、それを菊池寛からもらって大事にしていた。後に紛失してしまい、しきりに残念がっていた」そうだ。正岡は落語家の経歴も持つ。修業の厳しい前座をせず、すぐに二つ目に抜擢されたその実力に、人間国宝の米朝も敬服する。凄い人には、つくづく凄い師匠がいるものだ。

〔引用〕 ―― 「猫久《ねこきゅう》」「水屋の富」「笠碁《かさご》」「碁泥《ごどろ》」「転失気」、みなこの呼吸の男を出して、よろこばれだしました。（正岡容『初看板』）

⑫⑦「土□骨」をたたき直す、という使い方をします。
⑫⑧アニメの一休さんはピンチの時に、
「南□三」ってつぶやかれていましたね。
⑫⑨「昔□質／昔□気」の職人さんの安易に妥協せず、
こだわり抜く仕事ぶり。ステキです。

---

127

土
□
骨

128

南
□
三

129

昔
□
質
／
昔
□
気

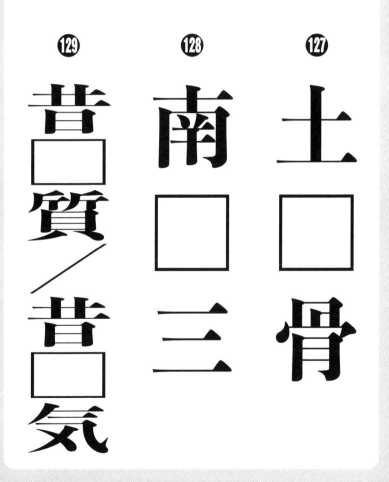

## 127 土性骨（どしょうぼね）

**〈意味・由来〉 生まれつきの性質のこと。また、ののしりの気持ちがこもることもある。「ど」は接頭語で意味を強める役割をする。ど根性、ど迫力、どけち、ど近眼、どあほ、ど素人など。**

野村胡堂《のむらこどう》の小説『銭形平次捕物控』は、映画やテレビの時代劇や舞台にもなった人気の物語である。この『銭形平次捕物控　三軒長屋』でも、とある事件が起こる。被害者は金貸しを営む七兵衛。あまりのケチさから、人々からはケチ兵衛と呼ばれていた。そんな彼の不在中に十両が盗まれた。怪しまれているのは同じ長屋の近隣住民の二人、学者の右衛門、大工の半次である。かねて、この三軒の仲の悪さは折り紙付きだった。引用文は、ケチ兵衛が犯人は貧乏人の右衛門か半次だろうと言った際に、半次がケチ兵衛宅に怒鳴り込んできたシーンである。金持ちと貧乏人の関係はいつの世も相いれない。

**〈引用〉** ―「あれお前、そんな事を言つて」後ろから年寄りの女が飛んで出て、その男を引き戻して居ります。「放つて置いてくれ、おつ母ア。さうでなくてさへ、こちとらを貧乏人扱ひにしやがつて、氣に入らねえケチ兵衛だ。泥棒にされちや、親の名にも拘《かゝ》はる、土性骨を叩き折つて、キリキリ舞ひをさせなきや」それは言ふ迄もなく、お隣りの大工半次の成勢の良い姿でした。（野村胡堂『銭形平次捕物控 三軒長屋』）

## 128 南無三（なむさん）

**〔意味・由来〕　南無三宝の略。「南無」は全身全霊で仏にすがる時に唱える言葉。転じて、驚いたり失敗したりした時に発する言葉になった。「三宝」とは仏教で最も大切な仏と法と僧のこと。**

母が病弱だったため、太宰治は叔母と乳母に育てられた。そのためか、太宰は登場人物の女性に母性愛を求めるように思う。この作品の女性たちはいずれもおおらかで思慮深い。短編小説『俗天使《ぞくてんし》』に登場する女性の中の一人は、銀座のとあるバーで働いていた。

彼女はかつて金欠の作者のお会計をごまかしてくれた人であった。数年後、作者がそのバーにふらりと立ち寄った時、彼女はまだ働いていた。昔を思い出して決まりが悪くなった作者は思わず「南無三」と口走る。

女性にいつも聖母を求める男性の本音を垣間見た。

**〔引用〕**　――二、三年、あるいは四、五年、そこは、はっきりしないけれども、とにかく、よっぽど後になって、ふらとそのバアへ立ち寄ったことがある。南無三、あの女給が、まだいたのである。やはり上品に、立ち働いていた。私のテエブルにも、つい寄って、にこにこ笑いながら、どなただったかなあ、忘れたなあ、と言い、そのまま他のテエブルのほうへ行ってしまった。（太宰治『俗天使』）

## ⑫⑨ 昔気質／昔堅気（むかしかたぎ）

〈意味・由来〉 **昔ながらの考え方や言動、様式に頑なにこだわってそれを守り抜こうとする気質。また、その様子。「昔」＋「気質」、「昔」＋「堅気」の三字熟語。**

日本古来の木管楽器に尺八がある。時代劇で虚無僧《こむそう》が吹く尺八の音色はどこか哀愁が漂い、心にしみいる。

国木田独歩の小説『女難《じょなん》』の主人公は、盲目の尺八吹きの男である。彼は独学で尺八の奏法を身につけ、全国各地津々浦々を巡りながら、人々からお金をもらって生活している。彼の尺八に魅了された聴衆の一人は、彼の身の上に興味を抱く。彼は母親から溺愛《できあい》されて育った。それを昔気質《むかしかたぎ》の祖母は気に入らず、男らしく育てるように、と進言する。そういわれても、母親はどうしても彼に辛く当たることができなかった。唯一、占い師に言われたとおり、「一生涯女に気をつけてゆけばきっと立派なものになる」と女難にだけ気をつけて子育てを続けるも、彼の人生は三人の女性に狂わされることになる……。どんなに意志が固くとも女性に弱いのが男性の宿命か、と再確認した。

〈引用〉 ―これが昔気質の祖母《ばば》の気に入りません、ややともすると母に向いまして、『お前があんまり優しくするから修蔵までが気の弱い児になってしまう。お前からしても少ししっかりして男は男らしく育てんといけませんぞ』とかく言ったものです。（国木田独歩『女難』）

第7章

# 知らないと恥をかく三字熟語

――彼等が復讐の挙を果して以来、江戸中に仇討が流行した所で、それはもとより彼の良心と**風□牛**なのが当然である。しかし、それにも関らず、彼の心からは、今までの春の温《ぬく》もりが、幾分か減却したような感じがあった。（芥川龍之介『或日の大石内蔵助』）

130若気の至りで思わず「依□地」になってしまった
思い出ってありますよね。
131有名な画家や作曲家は得てして日常生活は
「自□落」であった、とよく聞きます。
132金の亡者のことです。

---

130

依
□
地

131

自
□
落

132

守
□
奴

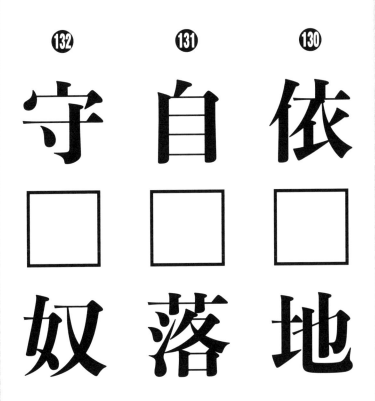

## ⑬⓪ 依怙地（いこじ）

**〈意味・由来〉　いい加減なところで妥協せず、自分の主張を曲げようとしない様子。片意地をはること。「えこじ」とも言う。**

ドイツの劇作家マイアーフェルスターの代表作に『アルト・ハイデルベルク』という戯曲がある。皇太子ハインリヒが留学先の南ドイツのハイデルベルクで旅館の娘と恋に落ちる物語だ。これになぞらえて太宰治は、学生時代の伊豆半島の三島の思い出を『老《アルト》ハイデルベルヒ』に描いている。当時の三島は時代に取り残された美しい町であった。町中を水量たっぷりの澄んだ小川が縦横無尽《じゅうおうむじん》に駈けめぐる。昔は東海道でも有名な宿場であったものの、どんどん寂れていったのだ。それは古くからの住民が守り続ける派手な伝統のせいである。三島には遊び人が多い。老若男女は手持ちのものは何でもかんでも、すぐに売り飛ばして金に換える。それを遊ぶための資金にするのだ。当然、町は退廃の一途をたどる。住民はみな依怙地にこの伝統を守り続ける。作者の学生時代からの友人の佐吉さんが活写されている。作者と佐吉さんの思い出は、「依怙地」とは対照的である。

**〈引用〉**　―昔は東海道でも有名な宿場であったようですが、だんだん寂《さび》れて、町の古い住民だけが依怙地に伝統を誇り、寂れても派手な風習を失わず、謂《い》わば、滅亡の民の、名誉ある懶惰に耽っている有様でありました。実に遊び人が多いのです。（太宰治『老ハイデルベルヒ』）

# ⑬¹ 自堕落（じだらく）

**〔意味・由来〕　生活態度にしまりがないこと。だらしないさま。じだら。江戸時代後期、喜多村信節《きたむらのぶとき》の随筆『嬉遊笑覧《きゆうしょうらん》』には、「自堕落」が転じて「しだらない」になり、それから「だらしない」に変わったとある。**

太宰治の小説『花火』には、東京在住の洋画家・鶴見仙之助の一家に起こった異常な事件が描かれている。世間一般から尊敬を集める仙之助は、貧困で自堕落な画家仲間からは陰口を叩かれていた。長男の勝治は放蕩《ほうとう》息子である。悪い仲間と付き合っては金を巻き上げられており、やがて、妹や女中の金を奪ったり、彼女らの私物まで売り払ったりする悪行を繰り返していた。ある日、泥酔した勝治は妹に、逮捕を免れるために金を持参させるが、結局は飲み代欲しさにだましたことが分かる。父の仙之助もその場に現れる。翌日、勝治が死体で発見される。が、犯人は闇の中であった。作中では「自堕落」は画家に対して使われているが、「自堕落」の模範例は、まさしく勝治そのものである。

**〔引用〕**　――けれども画壇の一部に於いては、鶴見はいつも金庫の傍で暮している、という奇妙な囁《ささや》きも交《か》わされているらしく、とすると仙之助氏の生活の場所も合計三つになるわけであるが、そのような囁きは、貧困で自堕落な画家の間にだけもっぱら流行している様子で、れいのヒステリイの復讐的な嘲笑に過ぎないらしいところもあるので、そのまま信用する事も出来ない。（太宰治『花火』）

## 132 守銭奴（しゅせんど）

**〔意味・由来〕 金銭への執着が強くて欲が深い人への蔑称。金の亡者、吝嗇家《りんしょくか》。「守銭奴」の語源はフランスの喜劇作品にあると言われる。** 劇作家モリエールの戯曲L'Avare（1968）が描く主人公が金の亡者だったことから、邦題が『守銭奴』になった。以来、金銭欲の強い人間を「守銭奴」と呼んだと言われる。

太宰治の『春の盗賊』では守銭奴の私が登場する。私が守銭奴ぶりを発揮する相手は泥棒である。ある晩、泥棒の侵入に気づいた私は、机に隠した二十円を死守するため、泥棒を嘘八百《うそはっぴゃく》で騙そうとする。やがて奪われることを観念する私だったが、あまりに癪にさわったので泥棒相手に口から出任せで罵《のの》りまくる。が、すでに泥棒はおらず、虚空《こくう》に向かって一人で話していたという結末である。だが、ここまで読んで作品の一節を思い出した。「次に物語る一篇も、これはフィクションである。私は、昨夜どろぼうに見舞われた。そうして、それは嘘であります。全部、嘘であります。そう断らなければならぬ私のばかばかしさ。ひとりで、くすくす笑っちゃった」と。文学のためには、泥棒をも自宅に招きいれた太宰治。つくづく文学に貪欲な人である。

**〔引用〕** ――人は、私の守銭奴ぶりに、呆《あき》れて、憫笑《びんしょう》をもらしているかも知れないけれど、私は、ちっとも恥じていない。私は、無理をしたくないのだ。（太宰治『春の盗賊』）

133「太□望」の芸能人といえば、亡くなられた梅宮辰夫さん、
松方弘樹さんを思い出します。
134「生□法」は大怪我の基、という使い方をしますね。
135周りの人が被るまきぞえ、とばっちりのこと。

---

133

太
□
望

134

生
□
法

135

傍
□
惑

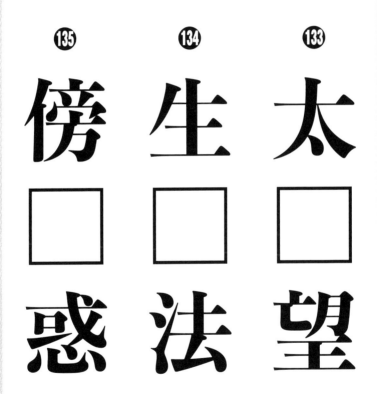

## ⑬③ 太公望（たいこうぼう）

**〔意味・由来〕　釣り人や釣り好きの人を言う。太公望は古代中国の周王朝の建国伝説の名将で、釣り好きであった。黄河最大の支流の渭水《いすい》で釣りをしていたところ、周の文王に見いだされたことから、日本では釣り人を「太公望」と呼ぶようになった。**

日本には昔から親よりも子どもが先に死ぬと、三途の川のほとりの賽《さい》の河原で石を積むという言い伝えがある。日本人は山や川などの自然に霊が宿ると信じている。先人は石に霊を感じていたようだ。明治から昭和時代にかけて牧師として活躍した別所梅之助《べっしょうめのすけ》は、『石を積む』の中で、人々が山に登る際に石を積み上げる行為は、宗教的な精神によるものだと書いている。山が低くなることは忌《い》むべきことであり、石を積むことでその土地以外の神が入ってこないようにする役割があったという。

太公望の嫁は貧しかった太公望を見限るが、後に彼が高名になると再婚を申し出て拒絶された。すると、彼女は恥ずかしさのあまり死んで鬼神となったという。人々は鬼神に祟《たた》られぬよう、唾を吐いたり、石を投げたりする。国は違っても石にまつわる伝説や慣習は共通するものがある。

**〔引用〕**　―話では太公望の妻が貧しきを厭うて夫を棄てた後、もとの夫があの様に斉の君となつたので、再び妻たらん事を請うた。太公望は覆水の盆にかへらぬを示して拒けたので、女は恥ぢて死んだ。そして鬼神となつた。（別所梅之助『石を積む』）

## ⑬④ 生兵法
（なまびょうほう）

**〔意味・由来〕　中途半端で使い物にならない剣術や未熟な知識や技術のこと。「生」＋「兵法」の三字熟語。「生」は接頭辞で「完全ではない」「未熟な」などの意味をもつ。「兵法」は武術をいう。特に剣術をさす。「生兵法は大怪我の基」は、浅い知識やうろ覚えの技術に頼っていると危険で大怪我をするという戒め。**

昭和時代に活躍した劇作家の岸田國士は、『母親の心理学』で、母親と専門家の関係の不和を嘆く。母親が子どもの病気を医者に診せるとき、病名を断定してから診察に臨み、誤診を招くことが増えたと言う。医者に対して自身の所見をひけらかすらしい。生兵法は大怪我のもとは医術だけでなく、教育現場にもあてはまる。作者は最後に読者に問いかける。「医者も、教師も、それぞれ、専門家としてのプライドを傷つけられたくないのである」

その道の専門家が味方になるか、敵に回るかは、その人の生き方に大きな違いを生む。「生兵法」は使い方を誤ると傷になる。「生兵法は大疵《おおきず》の基《もと》」とも言われるように。

**〔引用〕**　—困つたもんだね。まるでお母さんが自分の医学知識に折紙をつけさせようと思つてわれわれの処へやつて来るみたいだよ。さういふのは、得て誤診と相場がきまつてゐる。生兵法大怪我のもとつていふのは医術の場合にもあてはまるんだ（岸田國士『母親の心理学』）

## 135 傍迷惑（はためいわく）

〈意味・由来〉　まわりにいる人が被る迷惑や不利益のこと。そばにいて災難を受けること。まきぞえ。とばっちり。

『哲学の道』は、京都の東山山麓の琵琶湖疏水《びわこそすい》に沿って銀閣寺西の今出川通《いまでがわどおり》銀閣寺橋の北端にある。日本を代表する哲学者の西田幾多郎《にしだきたろう》が散歩したことで知られる。西田に師事した哲学者は多い。後に日本の代表的な唯物論哲学者となった戸坂潤《とさかじゅん》もその一人である。戸坂潤は、『現代日本の思想対立』で政権批判をしている。戦時中、政府は徹底的に言論を取り締まった。不穏文書等取締法案もその一つであり、人心を惑乱《わくらん》する文書図画《ぶんしょとが》の作成者と流言浮説《りゅうげんふせつ》を流した者を処罰する法律である。この法律の字面からすると取り締まるべきは文書のみであるが、そもそも人心を惑乱することの定義が非常に曖昧《あいまい》である。また、文書でなく、流言浮説ですら取り締まるというのは、範疇《はんちゅう》が広すぎやしないだろうか、という批判を展開する。最後に、もしもこれが言葉遣いのミスであるのなら、国民にとってはとんだ傍迷惑だとして文章を閉じた。

〈引用〉　―観念が段々怪文書から流言浮説、流言浮説から不穏文書へと、ずれて行く。之は頭が悪いか性が悪いかの証拠だが、物を云うのは立法者の頭ではなくて、書かれた字面なのだから、この作文道楽は傍迷惑なのである。（戸坂潤『現代日本の思想対立』八　不穏文書取締）

136知ったかぶりする人やその様子。
137好色家の男性をこう言います。
138形勢によって主義主張まで変え、
風見鶏のように有利な方につく
「日□見」主義って、卑屈な感じがしますよね。

---

136
半
□
通

137
鼻
□
長

138
日
□
見

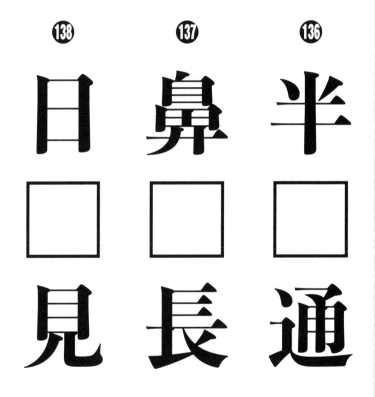

# 136 半可通（はんかつう）

**〔意味・由来〕知ったかぶりをする人やその様子。「半可」＋「通」の三字熟語。**

『つれづれなるままに、日暮らし、硯《すずり》に向かひて、心にうつりゆく由なしごとを、そこはかとなく書き付くれば、あやしうこそもの狂ほしけれ』（吉田兼好《よしだけんこう》『徒然草』角川ソフィア文庫）

「することもなく話し相手もいないので、一日中、硯に向かって、次から次へ心に浮かんでは消えていくなんということもないことを書き続けていると、熱中してしまい、筆が止まらなくなる」という意味である。鎌倉時代後期の文学である吉田兼好の『徒然草《つれづれぐさ》』は、清少納言《せいしょうなごん》の『枕草子』や鴨長《かものちょう》明《めい》の『方丈記』と並び、日本の三大随筆の一つとされている作品だ。教科書にも出てくるので、日本人なら誰でも一度は目にしたことがあるだろう。寺田寅彦は『徒然草の鑑賞』にて、中学校の教科書にこの作品が使われていることの重要性を指摘し、徒然草が一時代の日本の国民思想を作ったと言い切っている。また、『徒然草』の中に現れている人生観や道徳観といったようなものの影響が自分の現在のそういうものの中にひどく浸潤《しんじゅん》しているらしい。『徒然草』は現代を生きる知恵に溢れている。

**〔引用〕**――似非《えせ》風流《ふうりゅう》や半可通やスノビズムの滑稽、あまりに興多からんことを求めて却って興をさます悲喜劇、そういったような題材のものの多くでは、これをそのままに現代に移しても全くそのままに適合するような実例を発見するであろう。（寺田寅彦『徒然草の鑑賞』）

## 137 鼻下長（びかちょう）

**〔意味・由来〕 鼻の下が長い者。好色家の男性。女性に甘くだらしないこと。また、そのような男性。**

歌舞伎の市川流の家元である市川団十郎家。市川団十郎という名跡は、歌舞伎役者の中で最高峰の名前である。明治に「劇聖」と呼ばれた九代目団十郎は、歌舞伎の近代化を図った。低俗とされた歌舞伎を日本文化の代表である高尚な芸術に高めた人である。

『智恵子抄《ちえこしょう》』や『道程《どうてい》』で知られる高村光太郎は、九代目の魅力に取りつかれ歌舞伎に足しげく通った一人であるようだ。それが『九代目団十郎の首』に書かれている。九代目団十郎の顔のつくりの美しさ、特に、目の周り、鼻、口を鋭く観察している。俳優という職業柄、彼は明治時代というものをその肉体で表現していた。彼のような立派な顔の持ち主は後生現れないと高村は断言している。鼻下長は女性に対してだらしない印象を与えることが多いが、ここでは違う。団十郎の鼻下長は歌舞伎の芸術性を高めている。

**〔引用〕** ―団十郎は鼻下長である。彼の長い鼻下と大きな口裂と厚い唇とはあらゆる舞台面上工作の根拠地である。彼の口辺の筋肉の変化と強い頤唇溝の語るところは筆で書けない。此所は造型上でも一番手こずる難所である。とにかく清正の髯《ひげ》は此所に楽に生え、長兵衛の決意は此所でぐっときまり、鷺娘《さぎむすめ》の超現実性も此所からほのぼのと立ちのぼるのである。（高村光太郎『九代目団十郎の首』）

## 138 日和見（ひよりみ）

**〈意味・由来〉 天気の様子を見ること。また、その人。転じて、物事の成り行きを見てから有利な方につこうとすることを言うようになった。「日和」は天気を表す。**

白樺派作家の長與善郎《ながよよしろう》が朝日新聞の文芸時評で太宰治の作品を批評した。その返報が『自信の無さ』である。「自信を、持ちたいと思います。けれども私たちは、自信を持つことが出来ません。どうしたのでしょう」。文頭で長與氏の意見を肯定しながら静かに反論していく作者の手法に引き込まれる。太宰によれば、努力もしているが、やはり自信がつかない。それを社会のせいにもしたくないのであり、ありのままの世紀を肯定したいのだと語る。みんな卑屈で、日和見主義者だけれども、未だかつて文壇になかった卑屈さを素直に肯定することで、前例のないほどの大輪の花が咲くことを祈念すると締めている。太宰治は、第二次世界大戦に入る前から戦争末期の日本が飢餓にあえぐ混乱期にも妥協せず、文学を追求し続けた作家である。そこに「日和見」という言葉は見当たらない。

**〈引用〉** ―みんな卑屈であります。みんな日和見主義であります。みんな「臆病な苦労」をしています。けれども、私たちは、それを決定的な汚点だとは、ちっとも思いません。いまは、大過渡期だと思います。私たちは、当分、自信の無さから、のがれる事は出来ません。誰の顔を見ても、みんな卑屈です。（太宰治『自信の無さ』）

139 中国の歴史書『春秋左氏伝』が語源とされています。
140『ムーミン』の登場人物でいえば、
スナフキンのイメージでしょうか。
映画で言うと、『男はつらいよ』の主人公、フーテンの寅さん。
141 オールナイトで見張りをする人のこと。

---

139

風□牛

140

風□坊

141

不□番

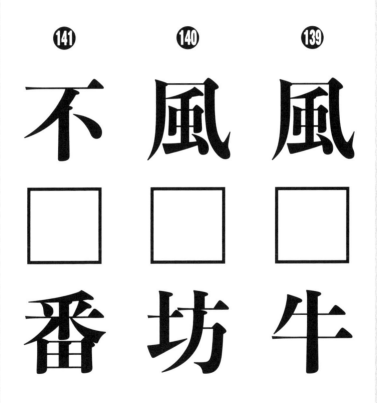

# 139 風馬牛

（ふうばぎゅう）

**〈意味・由来〉　自分には無関係である、という態度を取ること。出典は『春秋左氏伝《しゅんじゅうさしでん》』とされ、「風する馬牛も相及ばず」を略した言葉とされる。「風」は発情を表す。さかりのついた馬と牛の雄雌が交尾の相手を互いに求めあっても、類が異なるために全く興味を示そうとしないこと。**

十二月になると冬の風物詩として忠臣蔵が話題に上る。忠臣蔵は赤穂浪士《あこうろうし》四十七人が主君の浅野《あさの》内匠頭《たくみのかみ》の敵討《かたきう》ちをする忠義の物語で、今なお根強い人気を誇る。ただ、芥川龍之介の手にかかると別の世界が広がる。『或日の大石内蔵助《おおいしくらのすけ》』には仇討《あだう》ちを果たした赤穂浪士、大石内蔵助らの後日談が描かれる。彼らの成したことは広く世に広まり、大衆の間に仕返しが流行っていた。本来、自身の所業と巷の出来事は、風馬牛であるはずだが、内蔵助の心には不安がよぎっていた。忠臣蔵により世間に報復の行為を正当化させてしまったのではないか、と恐怖を覚えていたのである。江戸城・松之大廊下で、吉良上野介《きらこうずけのすけ》に斬りつけて切腹した浅野内匠頭を慮って討ち入った大石内蔵助。その行動力は「風馬牛」とかけ離れている。

**〈引用〉**　─彼等が復讐の挙を果して以来、江戸中に仇討が流行した所で、それはもとより彼の良心と風馬牛なのが当然である。しかし、それにも関らず、彼の心からは、今までの春の温《ぬく》もりが、幾分か減却したような感じがあった。（芥川龍之介『或日の大石内蔵助』）

# 140 風来坊（ふうらいぼう）

**〈意味・由来〉　どこからともなくやって来てどこかへ去っていく人。身元が知れず、住まいや定職のない人。「風来」＋「坊」の三字熟語。「風来」はまるで風に吹かれて来るように、どこからともなく現れること。**「坊」は男子に親しみを込めて呼ぶ語。または、人の様子や行動に付けて親しみを込めたりあざけたりする語。

坂口安吾の情景描写に思わず、息をのんだ。安吾の『孤独閑談《こどくかんだん》』は、ある一家の話である。食堂を経営する育ての親である父母と一人娘の三人家族がいた。実は娘はもらい子であった。反抗期のさなかで、父母とは一言も話さず敵対視している。そんな彼女に彼氏ができたことを知った両親は激怒する。老後の世話もしてくれるか分からないような男と付き合う娘に憤慨《ふんがい》して、これまでかけてきた世話を損だ、と吐き捨てる。その後、娘が家を出て行くと、両親はさみしげな様子を見せる。特に母は、娘に婿養子をもらって静かに余世を送ることを願っているが、作者はそれが大嘘であることを見抜いていた。「風来坊」な自分には理解できないのかもしれない、という安吾の洞察力が圧巻である。

**〈引用〉**　─或ひは僕如き人生の風来坊には見当もつかないやうな荒涼たる心事であるかも知れぬ。けれども、如何ほど深い寂寥であるにしても、それが何程のことであらうか。自分一人の始末だけでもするがいゝ。（坂口安吾『孤独閑談』）

## ⑭ 不寝番（ふしんばん）

**〔意味・由来〕　一晩中寝ないで見張り番をすること。またその人。「不寝」＋「番」の三字熟語。「不寝」は「ねず」と読み、寝ないで夜を明かしたり、眠らずに夜を守ることを言う。「番」はかわるがわる役目にあたること。**

日本でも有数の活火山「浅間山」は、長野県と群馬県の境にそびえている。その東に位置するのが「小浅間山」である。標高は千六百五十五メートル、標高差二百五十メートルのこの山は、約二キロメートル歩くだけで素晴らしい眺望に出会えると言う。寺田寅彦の『小浅間』では、登山した作者の物理学者としての視点が興味深い。山道に測量点を見つけると自然と愛着がわいてくる。山頂に到達すると、大学教授の研究グループが天体観測のためにテントを張って、晴れ間を待っていた。三日ほど晴れの晩があれば測量が終わるほどのものではあったが、連日曇天が続くらしい。おかげで誰かが必ず不寝番として起きていなければならなかったそうだ。日本の少壮学者は電池のわずかな費用を節約しながら、たくあんをかじり、渋茶に咽喉を潤して日本学界の名誉のために、人間の知恵のために骨折り働いていていたという。今も昔も研究者の研究に対する熱い血潮は変わらないのだろう。

**〔引用〕**　──しかしいつなんどき晴れるかもしれないから、だれか一人は交代の不寝番で空を見張っていなければならない。（寺田寅彦『小浅間』）

⑭②「無□法／不□法」な振る舞いは、見苦しいですよね。
⑭③昔は結婚や婚約の挨拶の時に使われます。
⑭④ならずもの、のこと。篠田正弘監督、
仲代達矢主演の同名の映画もありますね。

---

142
無□法／不□法

143
不□者

144
無□漢

## 142 無調法／不調法（ぶちょうほう）

**〈意味・由来〉　他人への配慮が行き届かないこと。失敗やしくじり。酒や芸事などのたしなみがないこと。「無」＋「調法」の三字熟語。「無」は打ち消し。「調法」は支度や工夫を言う。食事の準備や調理、料理のことを言う。**

『風の又三郎』『銀河鉄道の夜』などで有名な宮沢賢治は、心の中に理想郷があった。それを彼は自身の言葉で「イーハトーブ」と表現した。『貝の火』も珠玉の童話と言えるだろう。ウサギのホモイがひばりの子供を助ける光景から始まる。お礼にひばりの王様から貝の火という宝珠をプレゼントされた。翌日から、ホモイの周囲の動物の様子が一変。誰もが彼を敬い、手足のように働くようになった。どんどんホモイは傲慢になり、モグラに日向での作業を強制する。モグラはそれは無調法だからしかねると言うと、冷酷無下にあしらわれてしまう。ホモイは貝の火を失ったあげくに失明する。因果応報。熱心な法華経の信者だった宮沢賢治の童話は、大人も思わず、わが身を振り返る物語が多い。

**〈引用〉**　—ホモイがいきなり、「鈴蘭《すずらん》の実《み》を集《あつ》めておくれ」と言《い》いました。むぐらは土の中で冷汗《ひやあせ》をたらして頭をかきながら、「さあまことに恐《おそ》れ入りますが私は明るい所《ところ》の仕事《しごと》はいっこう無調法でございます」と言《い》いました。ホモイはおこってしまって、「そうかい。そんならいいよ。頼《たの》まないから。あとで見ておいで。ひどいよ」と叫《さけ》びました。（宮沢賢治『貝の火』）

## 143 不束者（ふつつかもの）

**〈意味・由来〉　気がきかず、行き届かない人のこと。「不束」＋「者」の三字熟語。「不束」とは太くて丈夫であったり不格好であったりする様子。また、風情がなくて下品なさまも言う。**

挨拶でよく言われる「不束者ですが」は、自身や身内についてへりくだって表現する言葉なので他人に向かって使うのは間違い。

坪内逍遥《つぼうちしょうよう》の門下生であり、二葉亭四迷と大学の同級生だった矢崎嵯峨《やざきさが》の舎《や》は、明治時代の小説家である。『初恋』に自身の十四歳の春の頃の初恋の経験をほろ苦く綴《つづ》っている。田舎に住んでいた作者の家族の元に、江戸から叔父さんが雪という娘と一緒に訪ねてくるという。作者は母から、粗相をして不束者と笑われないように、と注意される。思春期の男子である作者は、雪の来訪のことを四六時中考えて心待ちにするが、いざ雪が来ると全く気にしない素振りをみせる。途中、娘の雪の美しさを表現する眉目容《みめかたち》という三字熟語が心に残った。

**〈引用〉**　—ちょうど時は四月の半ば、ある夜母が自分と姉に向ッて言うには、今度清水《しみず》の叔父様《おじさま》がお雪さんを連れて宅《うち》へ泊りにいらッしゃるが、お雪さんは江戸育ちで、ここらあたりの田舎者《いなかもの》とは違い、起居《たちい》もしとやかで、挨拶《あいさつ》も沈着《おちつ》いた様子のよい子だから、そなたたちも無作法なことをして不束者、田舎者と笑われぬようによく気をつけるがよいと言われた。（矢崎嵯峨の舎『初恋』）

## 144 無頼漢（ぶらいかん）

**〔意味・由来〕** **無頼な男。「無頼」＋「漢」の三字熟語。「無頼」は、頼らないこと。「漢」は男性。**

「おぶだけ上がってよ」
「旦那、ここまでいらっしゃい」
あの手この手で男を誘い、窓の内から黄色い声をはりあげる娼婦たち。永井荷風の『寺じまの記』には自身が玉の井の私娼街《ししょうがい》に行ったときのことが書かれている。一般人は文豪や作家に得手勝手《えてかって》なイメージを持つが、永井荷風はこの作品でそれを否定する。「わたくしは医者でもなく、教育家でもなく、また現代の文学者を以て自ら任じているものでもない。三田派の或評論家が言った如く、その趣味は俗悪、その人品《じんぴん》は低劣なる一介の無頼漢に過ぎない」のだと。作家の世界も玉石混交《ぎょくせきこんこう》。孤独な文化人であった荷風の無頼漢ぶりが面白い。

**〔引用〕** ――三田《みた》派《は》の或評論家が言った如く、その趣味は俗悪、その人品は低劣なる一介《いっかい》の無頼漢に過ぎない。それ故、知識階級の夫人や娘の顔よりも、この窓の女の顔の方が、両者を比較したなら、わたくしにはむしろ厭《いと》うべき感情を起させないという事ができるであろう。（永井荷風『寺じまの記』）

145一つのことにとらわれて常軌を逸した行動をする人。
パラノイア。
146口数の少ない不愛想な「朴□仁」。類義語は「唐変木」。
147飾り気がなく武骨な男。

---

145
偏
□
狂

146
朴
□
仁

147
木
□
漢

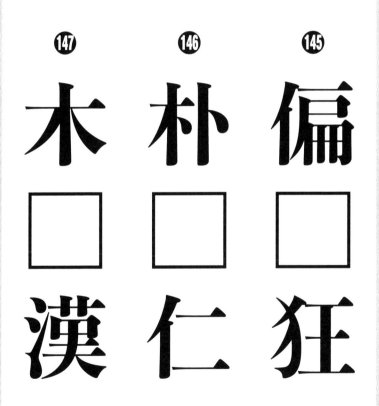

## 145 偏執狂（へんしゅうきょう）

**〈意味・由来〉** 一つのことに異常に執着する人。特定のものに執着して常軌を逸した行動をする人。モノマニア。「偏執」＋「狂」の三字熟語。「偏執」は「へんしつ・へんしゅう」と読み、偏った執着の意味を持つ。「狂」は理性を失った様子や人をさす。

世界中には名だたる予言者や宗教の開祖がいるが、その中でも日蓮は最も日本的な心を持った高僧であり、予言者であるという。倉田百三《くらたひゃくぞう》の『学生と先哲《せんてつ》』では日蓮について詳しい考察がなされている。日蓮は普遍的な教えよりもその時代にアジャストした教えを布教することに尽力した。自分が釈迦《しゃか》の預言《よげん》を体現する者だという一種の偏執狂的考えは科学的に見ると独善的であるが、そもそも宗教に科学を用いてはならぬと倉田は指摘する。オカルトはオカルトであるからこそ面白いのかもしれない。

**〈引用〉** ―日蓮のかような自負は、普遍妥当の科学的真理と、普通のモラルとしての謙遜というような視角からのみみれば、独断であり、傲慢であることをまぬがれない。しかし一度視角を転じて、ニイチェ的な暗示と、力調とのある直観的把握と高貴の徳との支配する世界に立つならば、日蓮のドグマと、矜持と、ある意味で偏執狂《モノマニア》的な態度とは興味津々たるものがあるのである。われわれは予言者に科学者の態度を要求してはならない。（倉田百三『学生と先哲』）

## 146 朴念仁（ぼくねんじん）

**〔意味・由来〕　口数の少ない無愛想な人。話の通じないわからずやのこと。「朴」＋「念」＋「仁」の三字熟語。「朴」は自然のままで手を加えない様子や素直なこと。「念」は思いや考えを心にとめて忘れないこと。「仁」は人を表す。**

寺田寅彦は親しい老科学者から、科学者になるには頭がよくなくてはいけないが、一方で頭が悪くなくてはいけない、と言われたことを『科学者とあたま』に書いている。科学者は、複雑な論理を明快に解き明かす賢さを兼ね備えていなければならないが、それと同時に、何か不可解な疑問が生じた際には、分かるまでとことん考え尽くす「朴念仁」のような頭の悪さが必要になってくる。「頭のいい人には恋ができない。恋は盲目である。科学者になるには自然を恋人としなければならない。自然はやはりその恋人にのみ真心を打ち明けるものである」という。恋愛の女神は手練手管の恋愛上手より「朴念仁」に微笑むのだと知った。

**〔引用〕**　──この点で科学者は、普通の頭の悪い人よりも、もっともっと物わかりの悪いのみ込みの悪い田舎者《いなかもの》であり朴念仁でなければならない。いわゆる頭のいい人は、言わば足の早い旅人のようなものである。人より先に人のまだ行かない所へ行き着くこともできる代わりに、途中の道ばたあるいはちょっとしたわき道にある肝心なものを見落とす恐れがある。（寺田寅彦『科学者とあたま』）

## ⑭⑦ 木強漢（ぼっきょうかん）

**〔意味・由来〕　飾り気がなく一徹な男。武骨な男性。「木強」＋「漢」の三字熟語。「木強」とは素朴で正直なこと。「漢」は男性。**

芥川龍之介は『芭蕉雑記』で、松尾芭蕉のことを多面的に分析している。

「洗馬《せば》にて
　梅雨《つゆ》ばれの私《わたくし》雨《あめ》や雲ちぎれ」

「六　俗語」では、芭蕉が俳諧の中に時折俗語を用いる事に触れて、「梅雨ばれ」や「私雨」や「雲ちぎれ」を俗語と解釈し、「成程かう書いて見ると、不世出の天才を褒《ほ》め揚《あ》げるほど手数のかからぬ仕事はない」と結ぶ。

また、「十二　詩人」では、芭蕉がいかに元禄という時代に全精神を投じ、その時代に暮らす人々の人情を事細かに説いていたかを力説している。彼の手にかかれば、才知に富んだ宝井其角《たからいきかく》でさえも、「木強漢」に見えないことはなかったという。芥川龍之介という天才が松尾芭蕉という天才に学ぶ。十七文字の世界一短い詩である俳句の世界で、異次元の学びを垣間見て感服した。

**〔引用〕**　―殊に恋愛を歌つたものを見れば、其角さへ木強漢に見えぬことはない。況《いはん》や後代の才人などは空也《くうや》の痩せか、乾鮭《からざけ》か、或は腎気《じんき》を失つた若隠居かと疑はれる位である。（芥川龍之介『芭蕉雑記』）

148 江戸時代、夫から妻への離縁状を「三□半」と言いました。
149 人の道を外れた行いのことを言います。
150 天麩羅の種類ではありません。融通が効かないことや人のこと。

---

148

三□半

149

没□道

150

野□天

**148**

# 三行半（みくだりはん）

**〔意味・由来〕　江戸時代に夫から妻に渡す離縁状。三行半で書かれる慣習から「三行半」と呼ばれた。また、字が書けない人は、三本の縦線とその半分の長さの線を一本書くことで離縁状と同等に見なされた。**

『女大学評論』は明治時代、福沢諭吉が自身の女性観や女性差別の問題について書いている。ウーマン・リブやフェミニズムの先駆けとも言える作品である。作者は、当時の主流のジェンダー論である貝原益軒《かいばらえきけん》の『女大学』を徹底的に批判している。その中の一つに、離縁が許される条件の一つに子供ができないことがある。そのような法律はもちろんないし、大体、不妊の原因は当時の医学でどちらの性に問題があるかは分かっておらず、何もかも女性のせいにするのは違うと述べている。今でこそこれは常識になりつつあるが、男尊女卑がもっとひどかった当時にこういう弁論を忌憚なく発表するところに福沢諭吉の先見の明を感じる。

**〔引用〕**　―左れば今日我国民一般に守る可き法律に於て、離縁を許すは以上の十箇条に限り、其外は如何なる場合にても双方の相談合意に非ざれば離縁するを得ず。三行半の離縁状などは昔の物語にして、今日は全く別世界なりと知る可し。然《しか》るに女大学七去の箇条中、第一舅姑に順ならざるの文字を尊属虐待侮辱等の意味に解したらば或は可ならん。（福沢諭吉『女大学評論』）

149

# 没義道

（もぎどう）

**〔意味・由来〕** **人の道にはずれた不人情な行いや様子。非道、外道。情け知らず。**

大事なものはなくして初めて気づく。有島武郎にとってそれは妻だったのかもしれない。有島武郎の『小さき者へ』は、大正六（1917）年に妻を亡くした有島が、三人の幼いわが子を勇気づけている作品である。自身の子育てを振り返り、時には懺悔している。彼は仕事を理由に育児の全てを妻に任せ、わが子を「没義道」に扱い、邪魔をされる度に説教をしていた。当然一人で三人の育児などできるはずもなく、妻は結核を患い入院する。有島は一人で育児をして、大変さを身を以て知る。結局妻は帰らぬ人となってしまった。今でも妻が一人でどこかで幸せに生きていてほしいと願う有島は健気である。その後、有島の執筆は衰えていく。大正十二（1923）年に軽井沢で、中央公論社の編集者で人妻の波多野秋子と恋に落ちて、軽井沢で心中をする。子供たちの行く末が気になった。

**〔引用〕** ――私は自分の心の乱れからお前たちの母上を屡々《しばしば》泣かせたり淋しがらせたりした。またお前たちを没義道《もぎどう》に取りあつかった。お前達が少し執念《しゅうね》く泣いたりいがんだりする声を聞くと、私は何か残虐な事をしないではいられなかった。原稿紙にでも向っていた時に、お前たちの母上が、小さな家事上の相談を持って来たり、お前たちが泣き騒いだりしたりすると、私は思わず机をたたいて立上ったりした。（有島武郎『小さき者へ』）

## 150 野暮天（やぼてん）

**〔意味・由来〕　極めて野暮であること。また、その人。「野暮」＋「天」の三字熟語。「野暮」は洗練されていない様子を表す語。野暮の反対語は「粋」。「野暮天」の「天」は韋駄天や帝釈天などの仏教の守護神。**

『東京八景（苦難の或人に贈る）』は、太宰治の十年間の東京生活を描いた自伝的短編小説である。自身を「野暮天」と例える作者が借金を返すための借金を重ねて、自殺未遂や薬物中毒などを繰り返す泥沼の生活を描いている。お金がなくなり、様々なものを質に入れ、頼みの綱になるはずだった原稿すらも自分で燃やしてしまった太宰。新たな借金を返すには本を売るしかないが、作品のアイデアはいつまで経っても降ってこない。常軌《じょうき》を逸した生活に唖然《あぜん》とするが、結末は驚くほど爽快である。滅茶苦茶な来歴を赤裸々に語る太宰の作品に魅了される人は今なお多い。

**〔引用〕**　─その頃の文壇は私を指さして、「才あって徳なし」と評していたが、私自身は、「徳の芽あれども才なし」であると信じていた。私には所謂《いわゆる》、文才というものは無い。からだごと、ぶっつけて行くより、てを知らなかった。野暮天である。一宿一飯の恩義などという固苦しい道徳に悪くこだわって、やり切れなくなり、逆にやけくそに破廉恥ばかり働く類《たぐい》である。（太宰治『東京八景（苦難の或人に贈る）』）

(151)落語や歌舞伎、人形浄瑠璃には、「遊□郎」で
放蕩な登場人物がたくさん出てきますね。
(152)中島みゆきに同名の名曲がありますね。
(153)どうしようもないことへの愚痴のことです。
「四□山」話とは、世間話のこと。

---

(151)

遊
□
郎

(152)

世
□
言

(153)

四
□
山

## 151 遊冶郎（ゆうやろう）

**〈意味・由来〉　酒や女におぼれる身持ちの悪い男性。放蕩《ほうとう》者や道楽者のこと。「遊冶」＋「郎」の三字熟語。「遊冶」は遊びにふけって容姿を飾ること。「郎」は若い男性を言う。**

明治時代の評論家・内田魯庵は「二十五年という歳月は一世紀の四分の一である。決して短かいとは云われぬ」と『二十五年間の文人の社会的地位の進歩』（明治四十五年六月）の文頭に時の流れによる文学の地位の大きな変化を描いている。当時の日本は、清とロシアの二大国を退けて大きな変革期を迎えており、文学もその例外ではなかった。元々、小説戯曲は町人の遊冶郎の道楽に過ぎず、それらの作者は幇間《ほうかん》遊芸人《ゆげいにん》と同列に見られていたようだ。幇間は男芸者や太鼓持ちと呼ばれる男性の芸者のことで、宴会やお座敷などの酒席で客の機嫌を取ったり芸を披露したりする職業である。それが二十五年間の時の中で専門的な書き手、読み手が現れ、大学で学問と認められるまでに至ったという。文学の向上のために力を尽くした先人に敬意を表したくなる。

**〈引用〉**　―二十五年前には文学は一つの遊戯と見られていた。しかも漢詩漢文や和歌国文は士太夫の慰みであるが、小説戯曲の如きは町人遊冶郎の道楽であって、士人の風上にも置くまじきものと思われていた故、小説戯曲の作者は幇間遊芸人と同列に見られていた。（内田魯庵『二十五年間の文人の社会的地位の進歩』）

## 152 世迷言（よまいごと）

**〔意味・由来〕　どうしようもないことへの愚痴や不平。他人には理解できない戯言。一人で際限なく続ける訳の分からない話。「世迷い言」とも書く。「世迷言を並べる」のように使う。**

江戸川乱歩の『お勢登場《せいとうじょう》』には、肺病やみの夫、格太郎とその嫁のおせいが登場する。おせいは精力絶倫で不倫を繰り返す悪女である。格太郎はそれを知りながら離別できない弱々しい性格であった。ある日、子供のかくれんぼに付き合った格太郎は、頑丈な長持に偶然に閉じ込められる。長持の留め具はしっかりとしており、格太郎が蓋を押してもびくともしない。ちょうどおせいが恋人との逢瀬から帰って来た時は、格太郎が長持の中でもがき苦しんでいる時だった。おせいは長持の掛け金をはずして、ちょっと蓋を持ち上げようとしたが、急に上から押さえつけて、再び掛け金をかけてしまう。息絶える格太郎。長持の蓋には瀕死の格太郎がやっと書いた呪いの言葉、オセイの三文字が残っていた。異性のしがらみとは、つくづく理不尽なものである。

**〔引用〕**　―押入れの板戸に耳をつけて（それを開くことはどうしても出来なかった）聞いて見ても、やっぱり物凄い摩擦音《すりおと》は止んではいなかった。そればかりか、恐らく乾き切ってコチコチになっているであろう舌で、殆ど意味をなさぬ世迷言をつぶやく気勢さえ感じられた。それがおせいに対する恐しい呪いの言葉であることは、疑うまでもなかった。（江戸川乱歩『お勢登場』）

# 153 四方山（よもやま）

**〈意味・由来〉世間。さまざまな方面のこと。また、四方にある山や周囲の山々を言うこともある。「四方八方」が変化して「四方山」になったと言われる。四方山話《よもやまばなし》は世間話のこと。**

夏目漱石の『手紙』には漱石の子供の縁談の話が綴られている。彼の息子重吉のもとにはかねてお静さんという娘との縁談の話が来ていた。お静の姉が遊び人と結婚したものの、性病にかかり悲惨な目にあったため、身持ちの堅い人という条件での縁談だった。地方暮らしを若いときから始めていた重吉はなかなかお静との縁談を進めようとしなかった。漱石夫妻は手紙でのやりとりのたびに、重吉に遊びをしていないことと、結婚の意思があることを確認していた。態度をはっきりさせない重吉にしびれを切らした漱石は彼のもとに赴き、意思を確認する。四方山話をしながら本題に切り込むと結婚の意思は確かにあった。だが、翌朝重吉の遊びの証拠となる手紙を発見してしまう。手紙は真実をあぶりだす。

**〈引用〉**――「あのこと」はそれで切り上げて、あとはまとまらない四方山の話に夜《よ》をふかした。せっかくだから二、三日逗留《とうりゅう》してゆっくりしていらっしゃいと勧めてくれるのを断わって、やはりあくる日立つことにしたので、重吉はそんならお疲れでしょう、早くお休みなさいと挨拶して帰っていった。

（夏目漱石『手紙』）

特別コラム

# 夏目漱石と太宰治の「三字熟語」の世界

## 夏目漱石と太宰治の「三字熟語」って何？

「春一日」と書いて「はるひとひ」と読む。言葉の美しさに惹かれ、いくつか辞書を引いても見つからない。なにかの間違いかと他の本も調べたが、やはり「春一日（はるひとひ）」であった。『吾輩は猫である』を読んだ時の体験である。漱石を読むとこのようなことがよく起こる。それもそのはず。諸説あるが、**漱石は「造語の達人」**であるらしい。造語とは言葉づくり。そのせいか、**漱石の言葉は辞書にないものも多い。既成の言葉にとらわれず、自由自在、縦横無尽に言葉を作り出す漱石の言葉の世界に興味が湧く**。「三字熟語」も同じである。漱石の「三字熟語」を見ていると、

「他の作家はどうだろう」

そのような問いが浮かんできた。真っ先に浮かんだのが太宰治である。そして、太宰の「三字熟語」が気になった。

はじめは、気軽に読書を楽しんでいたが、いつしか本の世界だけでは物足りなくなり、実際の出生地に出かけたり、執筆されていた環境を巡ったりし始める。

気がつけば、太宰治の墓の前で手を合わせていた私……。

おそるべし「三字熟語」の魅力、である。

## 夏目漱石は「言葉づくり」の大家である！

何かで読んだ記憶がある。文章力を磨きたいなら夏目漱石を読んだほうがいい、と。確か落語好きの漱石の文章にはリズムがあって読みやすい、という理由だったと思う。

明治時代に活躍した文豪は数えきれない。ただ、子どもから大人まで現代でも愛読される明治の文豪といえば、夏目漱石であろう。

夏目漱石の作品を再読する機会に恵まれ、新たにその凄さを体感している。

漱石の人となりに触れてみたくなり、東京をぶらりと歩いてみた。

漱石は現在の東京都新宿区喜久井町で生まれた。その地には、生誕百年を記念して記念碑が建てられている。また、漱石の父が名付けたという「夏目坂」がある。また、馬場下町から飯田橋に向かって歩くと「善国寺」がある。途中には、漱石が晩年の九年間を過ごした「漱石山房」と呼ばれた場所があり、この地で『三四郎』や『こころ』などを執筆したという。

また、来客の多かった漱石のために、鈴木三重吉が木曜日の午後三時から面会可能と決めた「木曜会」が週一回開かれた。その中には寺田寅彦や芥川龍之介がいた。

## 『吾輩は猫である』は三字熟語の宝庫である

『吾輩は猫である』は夏目漱石の小説の処女作である。ロンドン留学から帰国した漱石は神経衰弱に苦しんでいた。困った鏡子夫人が漱石の気晴らしの方法を相談したのが高浜虚子であった。虚子は漱石の気晴らしになりそうな芝居見物や謡曲などを勧めては一緒に出かけた。その一つが文章を書くことだった。そして、『吾輩は猫である』が生まれたのである。「ホトトギス」に掲載されて人気を博したこの作品、初めはタイトルもなく「猫伝」という案もあったが、虚子のアドバイスにより、文章の書き出しを生かして、『吾輩は猫である』になったという。

**『吾輩は猫である』の作中には興味を引く「三字熟語」が多い。**

例えば、前出の**「春一日（はるひとひ）」**は、俳句に使われている。

「書を読むや躍（おど）るや猫の春一日（はるひとひ）」

ある日、主人公の猫の飼い主である苦沙弥《くしゃみ》先生に、門下生から「絵端書」が届く。ちなみに、漱石は「絵葉書」ではなく「絵端書」と書く。猫は絵端書をのぞき込んで読者に説明する。猫によると、それには外国産の猫が四、五匹ずらりと並び、ペンを握ったり書物を開いたりしながら勉強している。その中の一匹が席を離れて、西洋の猫じゃ猫じゃを躍っているのだという。「春の一日」は、既成の言葉になくても、ゆったりとしたうららかな春の一日。それぞれに楽しむ猫の様子が伝わってくる。

他にも、**「大野暮（おおやぼ）」「自惚心（うぬぼれしん）」「好加減（いいかげん）」「粋無粋（すいぶすい）」「適不適（てきふてき）」「猫属間（ねこぞくかん）」「鈍瞎漢（どんかつかん）」**などがある。

また、猫は飼い主の苦沙弥先生を「牡蠣的」と表現する。猫によれば、「彼は性の悪い牡蠣（かき）のごとく書斎に吸い付いて、かつて外界に向って口を開（ひら）いた事がない。」という。これは、英語で無口な人を牡蠣に例えることから来ているようだ。

ジーニアス英和辞典（第4版・大修館書店）によると、

as close as an oyster（カキのように）とても口が堅い、秘密をもらさない。

as oyster of a man（無口な人）

とある。英語が堪能な漱石は、このニュアンスを日本語で表現するために、「牡蠣的」という「三字熟語」を作ったのだろう。

他にも、**「○○＋的」の「三字熟語」には、野猪的（やちょてき）、痙攣的（けいれんてき）、泥棒的（どろぼうてき）、瘋癲的（ふうてんてき）、超然的（ちょうぜんてき）、茶人的（ちゃじんてき）、攻城的（こうじょうてき）、曲覚的（きょっかくてき）**などがある。

さらに、猫は食べ物に大変敏感だ。猫にとって人間の食べ物は大層おいしそうに見えるらしい。そのせいか「御馳走」という「三字熟語」が頻繁に出てくる。「二字熟語」の前に「御」をつけると敬語になるので、どちらかといえば平凡な「三字熟語」になりがちだが、やはり漱石の「三字熟語」は一味違う、特に『吾輩は猫である』には最近見かけない「御＋○○」の「三字熟語」が出てくる。

御火燵（おこた）、御布令（おふれ）、御住居（おすまい）、御納戸（おなんど）、御待遠（おまちどう）、御陀仏（おだぶつ）、御鄭寧（ごていねい）、御祐筆（ごゆうひつ）、御生憎（おあいにく）、御諒察（ごりょうさつ）、御在宿（おいで）、御不審（ごふしん）、御報知（おしらせ）、御多角（おたかく）などである。

「不＋○○」の「三字熟語」には、不相変（あいかわらず）、不取扱（ふとりあつかい）、不人望

（ふじんぼう）、不分明（ふぶんめい）などがある。「不断着」は「普段着」と同意である。まさに、『吾輩は猫である』は、面白い「三字熟語」の宝庫である。

## その他の夏目漱石作品の「三字熟語」

その他の夏目漱石の代表的な小説の中にも、**金壺眼（かなつぼまなこ）**、**皺苦茶（しわくちゃ）**、**九州色（きゅうしゅういろ）**、**方幾里（ほういくり）**、**別乾坤（べつけんこん）**、**薬缶頭（やかんあたま）**、など左記のような興味深い「三字熟語」が出てくる。

### □坊っちゃん

**無鉄砲（むてっぽう）　真逆様（まっさかさま）　人参畠（にんじんばたけ）　靴足袋（くつたび）**
**蝦蟇口（がまぐち）　日本建（にほんだて）　贋落款（にせらっかん）　金壺眼（かなつぼまなこ）**
**猫撫声（ねこなでごえ）　物数奇（ものずき）　日暮方（ひぐれがた）　皺苦茶（しわくちゃ）**
**など**

## □三四郎

九州色（きゅうしゅういろ） 兵児帯（へこおび） 紺足袋（こんたび） 生欠伸（なまあくび） 刷毛先（はけさき） 喜多床（きたどこ） 髪結床（かみゆいどこ） 落語家（はなしか） 太鼓持（たいこもち） 札目録（ふだもくろく） 不穏底（ふおんてい） 面白味（おもしろみ） など

## □草枕

方幾里（ほういくり） 別乾坤（べつけんこん） 不如帰（ほととぎす） 三脚几（さんきゃくき） 一分子（いちぶんし） 詮議立（せんぎだ） 薄墨色（うすずみいろ） 煙草盆（たばこぼん） 活人画（かつじんが） 馬子唄（まごうた） 裾模様（すそもよう） 草双紙（くさぞうし） 袂時計（たもとどけい） など

## □夢十夜

丸行灯（まるあんどう） 薬缶頭（やかんあたま） 好加減（いいかげん）
青坊主（あおぼうず） 下馬評（げばひょう） 大自在（だいじざい） 無造作（むぞうさ）
焼火箸（やけひばし） 御化粧（おつくり） 黒繻子（くろじゅす） 足軽共（あしがるども）

御百度（おひゃくど）　好男子（こうだんし）　見舞物（みやげもの）
檳榔樹（びんろうじゅ）　無尽蔵（むじんぞう）　など

□こころ

空坊主（からぼうず）　花時分（はなじぶん）　好事家（こうずか）　無頓着（むとんじゃく）
不穏当（ふおんとう）　公沙汰（おおやけざた）　存生中（ぞんしょうちゅう）　未亡人（びぼうじん）
内所話（ないしょばなし）　余所行（よそゆき）　感傷的（センチメンタル）　実際家（じっさいか）
歌留多（カルタ）　留守居（るすい）　不意撃（ふいうち）　昨夜来（さくやらい）
目出度（めでたい）　何層倍（なんぞうばい）　一刹那（いっせつな）　など

未亡人は「みぼうじん」ではなく、「びぼうじん」と読ませている。

## 太宰治も「三字熟語」の匠である

太宰治の話題になると、相手の意見は「好き」か「嫌い」のどちらかハッキリと分かれる。「好き」という人は、才能にあふれる文章力だったり、作風だったりする。「ダザイスト」という言葉もあるくらい熱狂的なファンもいる。一方で「苦手」な人は、生き方が嫌だと言う。家庭がありながら愛人を作り、心中という結末で生涯を閉じたことがひっかかる、のだと。時折、「どちらでもない」という人にも出会うが、よくよく聞いてみると作品をほとんど読んでいなかったり、太宰治の経歴を知らなかったりすることが多い。

最近になって私にも「好き」な人の気持ちがわかった気がする。たまらない魅力のある作家であったのだ。私は不覚にも、太宰治の表現力に心をわしづかみにされてしまった一人である。友人の死について書かれた短編小説『散華（さんげ）』。そこに「花吹雪（はなふぶき）」という「三字熟語」を見つけたときのこと。

「うらうらと晴れて、まったく少しも風の無い春の日に、それでも、桜の花が花自身の重さに堪えかねるのか、おのずから、ざっとこぼれるように散って、小さい花吹雪を現出させる事がある。机上のコップに投入れて置いた薔薇の大輪が、深夜、くだけるように、ばらりと落ち散る事がある。風のせいではない。おのずから散るのである。」

太宰は桜の花が風に散るのではなく、その重みに耐えかねて自ら潔く散るのだという。桜の花の散り際の視点が非凡であまりの見事さに言葉を失った。

夏目漱石と違い、太宰治は言葉を作り出すことは少ないように思う。ただ、**既存の言葉を巧みに使い、二字熟語に接頭語や接尾語をつけて、サクサクと「三字熟語」にまとめてしまう**。それに気づき、『斜陽』『人間失格』『津軽』などの数ある名作の「三字熟語」を覗いてみたい気持ちになり、太宰の足跡をたどって生誕地の青森県五所川原市や晩年に過ごした三鷹市をぶらりと散策してみた。

青森空港から約十分ほど車で走ると岩木山が目前に広がる。太宰の小説『津軽』に出てくる山である。津軽富士と言われる岩木山は、青森県民の魂なのかもしれない。

青森県五所川原の金木町（現在は五所川原市）が太宰治の出生地である。ここは津軽三味線の発祥地であり、ここに太宰治の生家「斜陽館」がある。明治の大地主と言われた父、津島源右衛門が建築した大豪邸は、入母屋（いりもや）といわれる屋根を持ち、青森ひばが巧みに使用された和洋折衷の見事な造りである。戦後、津島家が手放し、旅館「斜陽館」として観光名所になったが、現在は国の重要指定文化財に指定され、太宰治記念館「斜陽館」として一般公開されている。

一階の和室の中でも、特に目を引くのが24金の仏壇である。その横には贅をつくした床の間があり、床框（とこがまち）には鉄刀木（タガヤサン）という銘木が使われている。床框とは床板や床畳の前端を隠すための化粧木で、ある建築家のグループが鉄刀木を見た途端、「これが噂の鉄刀木か。ここで見られるとは思わなかった」と感嘆の声をあげたほど珍しい木であるそうだ。

唐木三大銘木というのがある。唐木はインドやタイなど東南アジアから輸入された木材のこと。その唐木三大銘木は、黒檀（コクタン）、紫檀（シタン）、鉄刀木（タガヤサン）である。

「新座敷」は、太宰治の疎開の家である。こちらは青森ヒバを使った和洋折衷の重厚感のある屋敷である。長兄、文治の新居として建てられ「新座敷」と呼ばれた。太宰が1945年7月から1946年11月まで妻と二人の子どもたちとともに暮らした家であり、「文壇登場後の太宰が執筆活動をした家」として現存しているのはここだけと言われる。太宰が小さい頃に写真を撮った洋室がそのまま残っている。

太宰は、東京の三鷹で生涯を閉じた。三鷹の街には太宰のゆかりの地として、「ゆかりの案内板」が設置されていた。

東京の三鷹駅から井の頭公園に向かって玉川上水沿いに歩く。太宰治は滝のように勢いよく流れるこの場所を好み、編集者や作家仲間と共に訪れたと言う。その歩道の途中に「玉鹿石（ぎょっかせき）」が置かれている。太宰治が愛人と入水した場所の近くと言われる。

「禅林寺」は、東京都三鷹市下連雀にある寺。太宰治の墓がある。毎年、誕生日には太宰を偲んで「桜桃忌」が開かれてきた。明治の文豪・森鴎外（森林太郎）の墓もある。生前、太宰はよく森鴎外の墓に参っていたという。太宰亡き後、鴎外を尊敬していた太宰の希望を妻の美智子さんが住職に伝え、この寺に墓を建てたといわれる。また、作家になる前の瀬戸内寂聴さんが禅林寺に毎日訪れている。平成10年7月12日（日曜日）の朝日新聞に、寂聴さんはその思い出を振り返っている。

「その後上京して三鷹の下連雀に下宿をした時、その雑貨屋の数軒先に禅林寺があった。そこには太宰と森鴎外の墓が向かい合っていた。売れるあてもない小説を書くだけで、生涯で一番閑（ひま）だった私は、毎日禅林寺へ行き、二つの墓に『あやかりますように』と祈り、墓石を撫でてきたものだ」と。私も太宰の墓前に手を合わせて、墓石を撫でた。思いのほかざらざらとした感触だけが手に残った。

## 衝撃的な場面を際立たせる、『人間失格』の三字熟語

『人間失格』は、昭和二三（１９４８）年に発表された。太宰は自伝的小説といわれるこの作品の完成後、玉川上水で情死した。遺体の発見は太宰の誕生日だった。

主人公・大庭葉蔵（おおばようぞう）の少年期から青年期の三部形式の手記を中心に、作者が

説明を加えて進めていく。葉蔵が父や周りの人間や世間を恐れるあまり、道化を演じる幼少期、常に内面的に苦悩し、不道徳で荒んだ生活を送る青年期、純粋な妻を汚されたことから狂人化し、破滅しながら堕ちていく生きざまが衝撃的に描かれている。

「三字熟語」は全体的に頻繁に使われており、それぞれの場面を際立たせている。第一の手記には、実家を田舎の「昔気質」、自己の恐怖を隠すための「無邪気」さ、使用人の「不可解」なおそろしさ、学校の綴り方の授業で「滑稽噺」をしては先生を笑わせる様子を表す。性的な描写や差別語も多いので、ここでは省いた。

第二の手記では、冒頭から「波打際」「花吹雪」、桜の花の「図案化」など情景の美しさを表す言葉が並び、女が身の上話を繰り返すのを「千万言」、人となりには「見栄坊」「滑稽家」「好伴侶」など軽妙な印象を与える語が続く。

第三の手記では、それまでとは桁外れの凄まじい恐れを「三字熟語」を交えて表現している。例えば、神社の「杉木立」で白衣の「御神体」に逢った時に感ずるかもしれないような、四の五の言わさぬ古代の荒々しい「恐怖感」だと書く。気質や性格には「女道楽」「古狸性」「妖婆性」「無頼漢」「馬鹿者」。病状が悪化していく状況には「半狂乱」「醜関係」「後始末」などが並ぶ。

『人間失格』に出てくる興味深いそのほかの三字熟語と、『津軽』に出てくる味わい深い「三字熟語」をまとめてみた。

## □人間失格

対蹠的（たいせきてき）　与太者（よたもの）　第二葉（だいによう）　出鱈目（でたらめ）　十幾人（じゅういくにん）　滑稽噺（こっけいばなし）　肺浸潤（はいしんじゅん）　別荘番（べっそうばん）　好伴侶（こうはんりょ）　隠居所（いんきょじょ）　千万言（せんまんげん）　滑稽家（こっけいか）　糞度胸（くそどきょう）　古狸性（ふるだぬきせい）　妖婆性（ようばせい）

## □津軽

小品文（しょうひんぶん）　罪万死（つみばんし）　出鱈目（でたらめ）　副食物（ふくしょくぶつ）　波打際（なみうちぎわ）　芭蕉翁（ばしょうおう）　行脚掟（あんぎゃのおきて）　佞武多（ねぷた）　大灯篭（おおとうろう）　御草創（ごそうそう）　地団駄（じだんだ）　半可通（はんかつう）　落葉松（からまつ）　擡頭力（たいとうりょく）　罌粟粒（けしつぶ）　贔屓目（ひいきめ）

## 味わい深い「三字熟語」の世界

『吾輩は猫である』を読み、自由自在に「三字熟語」を操る夏目漱石の文学の世界を知ったのが、すべてのはじまりだった。

そして、夏目漱石と太宰治の「三字熟語」の世界が気になり、思わず実際の出生地に出かけたり、執筆されていた環境を巡ったりした。

聖地を訪れた私は、さらに「三字熟語」の魅力にとりつかれていく。

文豪たちが書いた小説を読むと、日本人の心情を表す「三字熟語」から、思わず笑ってしまう「三字熟語」、世にも美しい「三字熟語」まで、「三字熟語」がもつ豊かな日本語の世界と出会うことができる。

読者の皆さまにも、お気に入りの「三字熟語」を見つけてほしい。

そして、一緒に豊かな日本語の世界に浸り、「三字熟語」の世界を味わい尽くしましょう。

おわりに

# 私の「三字熟語」の世界は、「安本丹」から始まりました

あるプレゼンテーションでの一場面で、あまりの緊張に、私はヘマをやらかしました。バツが悪くて穴があったら入りたい気持ちでいっぱいでしたが、思わず口から出たのが、「安本丹《あんぽんたん》でスミマセン」。次の瞬間、笑いが起こり、空気が一転。場が和んだのです。ヘマは帳消しになりました。

「三字熟語には不思議な力があるのかもしれない」

それを肌で感じながら、「三字熟語」のルーツを調べ始めるうちに、夏目漱石や太宰治などの文豪を再読するようになりました。文豪たちの言葉づかいは巧みで、そこには「三字熟語」の魅力ある世界が広がります。名作の再読を、ぜひお勧めします。これまで重ねた人生経験からより深く味わえること、間違いなしです。それらは、仕事や実生活にも役立ちます。

特に、ビジネスの現場では、雑談力がモノを言います。この本の中にある漱石のあの三字熟語

のルーツを語るだけで、教養あるクライアントや経営者の方々の興味をそそり、より距離感が近づくはずです。また、久しぶりに会う友人や、会話の少なくなった夫婦や子どもたちにも、話題の提供になり、親近感が増すことでしょう。想定外の良いことが起こるはずです。

よければ、日本語の韻をふむラッパーの方には、名作の「三字熟語」の世界を語ってほしい。落語家さんには噺の枕で言葉遊びをしてほしい。その他、多くの分野や世界で「三字熟語」を生かして楽しんでほしい。そんな気持ちでいっぱいです。

私の「三字熟語」の冒険の旅は、はじまったばかり。これからも「三字熟語」の世界を探求していきたいと思います。

この本は、たくさんの方にお世話になりました。私の指導法から「三字熟語」を見つけ出し、プロデュースしてくださったブッククオリティのタカトモさんこと高橋朋宏さん、「三字熟語」のオモシロさにいち早く共感し、出版の機会をくださったダイヤモンド社の担当編集者、土江英明さん。お二人から、「三字熟語に魅せられた西角さん、三字熟語を世の中に広める『先覚者』としてメディアでも活躍してください」と熱い応援メッセージをいただきました（笑）。

太宰治のゆかりの地を案内していただいた五所川原交通の丸海老隆さん、秋元正俊さん、「旧津島家新座敷」太宰治疎開の家の白川公視さん、みたか観光ガイド協会代表の小谷野芳文さん、夏目漱石の貴重な資料を見せていただいた公益財団法人虚子記念文学館学芸員の小林祐代さん。ステージメソッド塾の西角咲紀さん、岩政毅之さんをはじめとするスタッフの皆さま、それから家族を含めて、誰一人欠けてもこの本は世に出ることはなかったと思います。本当に皆さまのおかげです。最後までお読みいただいた読者の皆さま、本当にありがとうございました。どこかでお目にかかり、「三字熟語」の話題で盛りあがれる日を楽しみにしています。心よりの感謝を込めて。

令和三年十月

西角けい子

## 表記について

本書の文字表記については、次のように定めました。

一、引用文には、旧仮名づかいやルビを含めて、青空文庫の表記を優先させています（参考文献に、青空文庫が底本としている書籍を掲載しました＊）。

二、文語文の作品では、旧仮名づかいのままにしています。

三、旧字体は、原則として原文を優先させていますが、必要性がある語には、一部改めた箇所もあります。

四、原文を優先させましたが、難読と思われる語には、一部、ルビをつけ加えた箇所もあります。

五、一般的な用字や用語と異なる語には、当時の作者の作風を活かしたいという思いから、句読点の有無、用字の混用、送りがなの不統一等も含めてそのままにしています。

六、作者の敬称は一部の方を除き、古典的な作品も多いことから基本的に省きました。

なお、本書で取り上げた作品には、古典的なものも多いため、今日の観点からみて不適切であると判断した箇所は、一部、他の語に置き換えました。

ただ、著者に差別的な意図はないと判断した場合には、作品の芸術性を鑑み、原文を優先させたところもあります。また、著者がすでに故人である場合もそのままにしています。

## 第1章 参考文献


NAKAYA UKICHIRO MUSEUM OF SNOW AND ICE（日付不明）中谷宇吉郎について 参照日：2021年9月28日、参照先：中谷宇吉郎 雪の科学館：https://yukinokagakukan.kagashi-ss.com/ukichiro/

伊藤春奈『「姐御」の文化史 幕末から近代まで教科書が教えない女性史』DU BOOKS（2019）

岡本綺堂『岡本綺堂随筆集』岩波書店（2008）＊

夏目漱石『夏目漱石全集3』筑摩書房（1987）＊

夏目漱石『夏目漱石全集10』筑摩書房（1988）＊

芥川龍之介『現代日本文学大系43芥川龍之介集』筑摩書房（1968）＊

芥川龍之介『芥川龍之介全集6』筑摩書房（1993）＊

芥川龍之介『芥川龍之介全集2』筑摩書房（1996）＊
芥川龍之介『芥川龍之介全集3』筑摩書房（1996）＊
梶井基次郎『檸檬・ある心の風景 他二十編』旺文社（1974）＊
岸田國士『岸田國士全集28』岩波書店（1992）＊
菊池寛『菊池寛全集 第十九巻』文藝春秋（1995）＊
宮本百合子『宮本百合子全集 第十七巻』新日本出版社（1986）＊
原知遙『益荒男の神々』梓書院（2008）
幸田露伴『日本現代文學全集 6 幸田露伴集』講談社（1980）＊
国木田独歩『号外・少年の悲哀 他六編』岩波書店（1981）＊
坂口安吾『坂口安吾全集14』筑摩書房（1993）＊
坂口安吾『桜の森の満開の下』講談社（2004）＊
寺田寅彦『寺田寅彦随筆集 第三巻』岩波書店（1993）＊
寺田寅彦『寺田寅彦随筆集 第四巻（小宮豊隆 編）』岩波書店（1997）＊
寺田寅彦『寺田寅彦全集 第六巻』岩波書店（1997）＊
織田作之助『ちくま日本文学全集 織田作之助』筑摩書房（1993）＊
森鴎外『歴史其儘と歴史離れ 森鴎外全集14』筑摩書房（1996）＊
森鴎外『定本限定版 現代日本文學全集 13 森鴎外集（二）』筑摩書房（1967）＊
石川啄木『日本文学全集 12 国木田独歩 石川啄木集』集英社（1972）＊
泉鏡花『泉鏡花集成7』筑摩書房（1995）＊
泉鏡花『泉鏡花集成9』筑摩書房（1996）＊
太宰治『太宰治全集1』筑摩書房（1988）＊
太宰治『太宰治全集3』筑摩書房（1988）＊
太宰治『太宰治全集8』筑摩書房（1989）＊
太宰治『パンドラの匣』新潮社（1997）＊

太宰治『もの思う葦』新潮社（1998）＊
太宰治『晩年』新潮社（1999）＊
中谷宇吉郎『中谷宇吉郎集 第二巻』岩波書店（2000）＊
長谷川時雨『新編 近代美人伝（上）』岩波書店（2001）＊
澁澤龍彦『三島由紀夫おぼえがき』中央公論新社（1986）

## 第2章 参考文献

永井荷風『荷風随筆集（下）』岩波書店（2007）＊
岡本かの子『日本幻想文学集成10 岡本かの子』国書刊行会（1992）＊
夏目漱石『夏目漱石全集10』筑摩書房（1988）＊
芥川龍之介『芥川龍之介全集5』筑摩書房（1995）＊
岸田國士『岸田國士全集24』岩波書店（1991）＊
吉川英治『吉川英治全集・47 草思堂随筆』講談社（1970）＊
宮本百合子『宮本百合子全集 第十五巻』新日本出版社（1986）＊
黒島傳治『黒島傳治全集 第二巻』筑摩書房（1970）＊
坂口安吾『坂口安吾選集 第十巻エッセイ1』講談社（1982）＊
坂口安吾『坂口安吾全集 02』筑摩書房（1999）＊
三遊亭円朝『明治の文学 第3巻 三遊亭円朝』筑摩書房（2001）＊
寺田寅彦『寺田寅彦随筆集 第五巻』岩波書店（1997）＊
寺田寅彦『寺田寅彦随筆集 第四巻（小宮豊隆 編）』岩波書店（1997）＊
織田作之助『日本の名随筆9 町』作品社（1991）＊
織田作之助『世相・競馬』講談社（2004）＊
森鷗外『鷗外歴史文学集 第三巻』岩波書店（1999）＊
石川啄木『石川啄木作品集 第二巻』昭和出版社（1970）＊

石川啄木『日本文学全集12 国木田独歩 石川啄木集』集英社（1972）＊
石川啄木『石川啄木集（下）』新潮社（1991）＊
泉鏡花『鏡花短篇集』岩波書店（1987）＊
泉鏡花『泉鏡花集成8』筑摩書房（1996）＊
泉鏡花『泉鏡花集成4』筑摩書房（2004）＊
太宰治『日本文学全集70 太宰治集』集英社（1972）＊
太宰治『太宰治全集10』筑摩書房（1989）＊
太宰治『太宰治全集5』筑摩書房（1989）＊
太宰治『太宰治全集6』筑摩書房（1989）＊
中井正一『論理とその実践――組織論から図書館像へ――』てんびん社（1976）＊
内田魯庵『新編 思い出す人々』岩波書店（2008）＊
牧野信一『牧野信一全集第三巻』筑摩書房（2002）＊
向田邦子『向田邦子シナリオ集Ⅱ 阿修羅のごとく』岩波書店（2009）
北大路魯山人 他一名『魯山人の美食手帖』角川春樹事務所（2008）＊
松尾芭蕉『幻住庵の記・嵯峨日記 現代語訳付』kindle版（上妻純一郎 訳）古典教養文庫（2015）

## 第3章　参考文献

Imperial Household Agency（日付不明）収蔵作品詳細／雪月花 参照日：2021年9月28日、参照先：宮内庁：https://www.kunaicho.go.jp/culture/sannomaru/syuzou-16.html
永井荷風『荷風随筆集（上）』岩波書店（2006）＊
芥川龍之介『芥川龍之介全集5』筑摩書房（1995）＊
芥川龍之介『芥川龍之介全集3』筑摩書房（1996）＊
角謙二『にっぽんの七十二候（酒井彩子 編）』枻出版社（2016）

佐藤垢石『完本 たぬき汁』つり人社（１９９３）＊
寺田寅彦『寺田寅彦随筆集 第二巻（小宮豊隆 編）』岩波書店（１９９７）＊
寺田寅彦『寺田寅彦全集 第二巻』岩波書店（１９９７）＊
種田山頭火『山頭火 行乞記（村上護 編）』春陽堂書店（２０１１）
上村松園『青眉抄・青眉抄拾遺』（１９７７）講談社＊
水野久美（文）森松輝夫（絵）『絵で楽しむ日本人として知っておきたい二十四節気と七十二候』ＫＡＤＯＫＡＷＡ（２０２０）
『源氏物語 巻二（瀬戸内寂聴 訳）』講談社（２００４）
泉鏡花『鏡花短篇集』岩波書店（１９８７）＊
泉鏡花『鏡花短篇集（川村二郎 編）』岩波書店（１９８７）＊
泉鏡花『泉鏡花集成2』筑摩書房（１９９６）＊
藤本晃一、向山裕幸、大槻和洋（共同編集）『七十二候がまるごとわかる本 最新版』晋遊舎（２０１８）
片山廣子『燈火節』月曜社（２００４）＊
北原白秋『白南風』アルス（１９３４）＊
柳田国男『年中行事覚書』講談社（２００９）＊
与謝野晶子、今野寿美『みだれ髪』ＫＡＤＯＫＡＷＡ（２０１７）＊
和辻哲郎『和辻哲郎随筆集』岩波書店（２００６）
『新版 古事記 現代語訳付き』（中村啓信 訳）角川学芸出版（２００９）
中島敦『中島敦全集3』筑摩書房（２００３）＊

## 第4章　参考文献

吉川英治『三国志（五）』講談社（２００８）＊
吉川英治『三国志（四）』講談社（２００８）＊
坂口安吾『坂口安吾全集 14』筑摩書房（１９９９）＊
織田作之助『ちくま日本文学全集 織田作之助』筑摩書房（１９９３）＊

織田作之助『定本織田作之助全集 第五巻』文泉堂出版（1995）＊
太宰治『太宰治全集3』筑摩書房（1988）＊
中島敦『ちくま日本文学全集 中島敦』筑摩書房（1992）＊
内田魯庵『新編 思い出す人々』岩波書店（2008）＊
北大路魯山人『魯山人味道』中央公論社（2008）＊
齋藤孝『声に出して読みたい日本語 CDブック』草思社（2003）

## 第5章 参考文献

岡本綺堂『岡本綺堂随筆集』岩波書店（2008）＊
夏目漱石『夏目漱石全集1』筑摩書房（1987）＊
夏目漱石『漱石文明論集』岩波書店（1998）＊
海野十三『海野十三全集 別巻2 日記・書簡・雑纂』三一書房（1993）＊
芥川龍之介『現代日本文学大系43芥川龍之介集』筑摩書房（1968）＊
芥川龍之介『芥川龍之介全集1』筑摩書房（1995）＊
芥川龍之介『芥川龍之介全集2』筑摩書房（1996）＊
吉川英治『吉川英治全集・47 草思堂随筆』講談社（1970）＊
宮沢賢治『新編 銀河鉄道の夜』新潮社（1994）＊
犬田卯『犬田卯短編集 一』筑波書林（1982）＊
坂口安吾『坂口安吾全集 01』筑摩書房（1999）＊
小林多喜二『蟹工船・党生活者』新潮社（1998）＊
森鴎外『森鴎外集 新潮日本文学1』新潮社（1971）＊
太宰治『太宰治全集2』筑摩書房（1988）＊
太宰治『太宰治全集5』筑摩書房（1989）＊
太宰治『太宰治全集6』筑摩書房（1989）＊

太宰治『きりぎりす』新潮社（１９９６）＊
太宰治『太宰治全集９』筑摩書房（１９９８）＊
大阪圭吉『新青年 復刻版 昭和７年12月（13巻14号）』本の友社（１９９０）＊
南方熊楠『十二支考（上）』岩波書店（１９９７）＊
尾崎紅葉『金色夜叉』新潮社（１９９８）＊
北大路魯山人『魯山人味道』中央公論社（２００８）＊
牧野信一『牧野信一全集第六巻』筑摩書房（２００３）＊

## 第６章　参考文献

芥川龍之介『芥川龍之介全集３』筑摩書房（１９９６）＊
宮本百合子『宮本百合子全集 第十七巻』新日本出版社（１９８６）＊
幸田露伴『日本の名随筆70 語』作品社（１９９２）＊
国木田独歩『日本の文学 ５ 樋口一葉 徳富蘆花 国木田独歩』中央公論社（１９６８）＊
寺田寅彦『寺田寅彦全集 第一巻』岩波書店（１９９６）＊
寺田寅彦『寺田寅彦随筆集 第二巻（小宮豊隆 編）』岩波書店（１９９７）＊
正岡容『圓太郎馬車 正岡容寄席小説集』河出文庫、河出書房新社（２００７）＊
太宰治『太宰治全集３』筑摩書房（１９８８）＊
淡交社編集局（編）『利休百首ハンドブック』淡交社（２０１４）
長塚節『長塚節名作選 三』春陽堂書店（１９８７）＊
北大路魯山人『魯山人書論』中央公論社（２００７）＊
野村胡堂『オール讀物』文藝春秋新社（１９５３）＊
桂米朝『桂米朝　私の履歴書』日本経済新聞社（２００２）

## 第7章　参考文献


永井荷風『荷風随筆集（上）』岩波書店（2006）＊
夏目漱石『硝子戸の中』角川書店（1994）＊
芥川龍之介『現代日本文学大系43芥川龍之介集』筑摩書房（1968）＊
芥川龍之介『芥川龍之介全集2』筑摩書房（1996）＊
岸田國士『岸田國士全集24』岩波書店（1991）＊
宮沢賢治『銀河鉄道の夜』角川書店（1991）＊
戸坂潤『戸坂潤全集　第五巻』勁草書房（1968）＊
江戸川乱歩『江戸川乱歩全集　第3巻　陰獣』光文社（2005）＊
高村光太郎『昭和文学全集第4巻』小学館（1994）＊
坂口安吾『坂口安吾全集　03』筑摩書房（1999）＊
寺田寅彦『日本随筆紀行第一一巻　長野　雲白く山なみ遙か』作品社（1986）＊
寺田寅彦『寺田寅彦随筆集　第五巻』岩波書店（1997）＊
寺田寅彦『寺田寅彦随筆集　第四巻（小宮豊隆　編）』岩波書店（1997）＊
寺田寅彦『寺田寅彦全集　第七巻』岩波書店（1997）＊
倉田百三『青春をいかに生きるか』角川書店（1981）＊
太宰治『走れメロス』新潮社（1986）＊
太宰治『太宰治全集3』筑摩書房（1988）＊
太宰治『太宰治全集10』筑摩書房（1989）＊
太宰治『太宰治全集5』筑摩書房（1989）＊
内田魯庵『魯庵の明治（山口昌男、坪内祐三　編）』講談社（1997）＊
福沢諭吉『女大学評論・新女大学』講談社（2001）＊
別所梅之助『日本の名随筆88　石』作品社（1990）＊
矢崎嵯峨の舎『日本の文学　77　名作集（一）』中央公論社（1970）＊

有島武郎『小さき者へ・生れ出づる悩み』新潮社（１９８６）＊
吉田兼好『ビギナーズ・クラシックス 日本の古典 徒然草（角川書店編）』角川学芸出版（２００２）

## 特別コラム　参考文献

夏目漱石『夏目漱石全集1』筑摩書房（１９８７）＊
夏目漱石『夏目漱石全集3』筑摩書房（１９８７）＊
夏目漱石『夏目漱石全集10』筑摩書房（１９８８）＊
夏目漱石『ちくま日本文学全集 夏目漱石』筑摩書房（１９９２）＊
夏目漱石『こころ』集英社（１９９５）＊
夏目漱石『三四郎』角川書店（１９９７）＊
小西友七、南出康世（編）『ジーニアス英和辞典 第4版』大修館書店（２００７）
太宰治『人間失格』（１９８５）＊
太宰治『太宰治全集第六巻』筑摩書房（１９９０）＊
竹内政明『読売新聞 朝刊一面コラム「編集手帳」第三十一集』中央公論新社（２０１７）

パンフレット　太宰治疎開の家〈旧津島家新座敷〉
パンフレット　太宰治記念館「斜陽館」
パンフレット　株式会社まちなか五所川原 太宰治「思ひ出」の蔵
パンフレット　新宿区立漱石山房記念館 所蔵資料展　漱石の書と書簡
パンフレット　新宿区立漱石山房記念館 周辺まち歩きマップ　漱石の散歩道
パンフレット　三鷹市山本有三記念館
パンフレット　公益財団法人 虚子記念文学館
パンフレット　公益財団法人 虚子記念文学館　虚子記念文学館報
パンフレット　公益財団法人 南方熊楠記念館

パンフレット　三鷹市　太宰治文学サロン
パンフレット　三鷹市教育委員会　三鷹文学散歩マップ　第3版
パンフレット　五所川原市まちなか活性化協議会　太宰治ぶらり思ひ出散歩帖in五所川原
パンフレット　鶴田町役場　鶴田町　鶴と国際交流の里
パンフレット　太宰治文学サロン　太宰治文学サロン通信

## 全体参考文献


加納喜光『三字熟語　語源小辞典』講談社（2001）
山口佳紀（編）『暮らしのことば　新語源辞典』講談社（2008）
山田忠雄、柴田武、酒井憲二、倉持保男、山田明雄、上野善道、井島正博、笹原宏之（編）『新明解国語辞典　第七版　特装青版』三省堂（2017）
小松寿雄、鈴木英夫（編）『新明解語源辞典』三省堂（2011）
松中健一、香川佳子（編）『日本語源大辞典』小学館（2005）
新村出（編）『広辞苑　第六版』岩波書店（2008）
倉嶋厚監修『雨のことば辞典』講談社（2000）
『俳句歳時記　第五版　春』KADOKAWA（2019）
『俳句歳時記　第五版　夏』KADOKAWA（2019）
『俳句歳時記　第五版　秋』KADOKAWA（2019）
『俳句歳時記　第五版　冬』KADOKAWA（2020）
福田和也監修『「文豪」がよくわかる本』宝島社（2016）
北原保雄（編）『明鏡国語辞典　第二版』大修館書店（2010）

［著者］
**西角けい子**（にしかど・けいこ）
ステージメソッド塾代表／学習コンサルタント／三字熟語研究家
オムロンを退職後、日本有数の大手塾の激戦区である兵庫県の西宮北口エリアにステージメソッド塾を開業。
国語力を急伸させる独自の「ニシカド式勉強法」により、わずか6か月でごく普通の成績だった7名の塾生を日本一（教材会社の実施する全国版学力テスト）に育て、多くのマスコミから取材される。「お母さんの言葉がけ」と、「語彙力」「暗記力」「ノート力」「作文力」アップを重視した「ニシカド式勉強法」は定評があり、倍率10倍以上の超難関公立中高一貫校の合格者数は、14年連続地域№1。片道3時間以上かけて通う小学生や新幹線や飛行機で通塾する中学生もおり、塾周辺に転居してくる家庭も多い。
ひょんなことから、国語の世界で影が薄い「三字熟語」のおもしろさに気づき、軽やかで、庶民的で、思わずクスッと笑ってしまう三字熟語にハマる。三字熟語ラブな思いが高じて、三字熟語クイズを作り始めた。夏目漱石や太宰治などの文豪が使う「三字熟語」の巧みな表現にしびれ、文豪の人間味や生き方に興味を抱き、文豪の出生地巡りや墓参りをしながら、「三字熟語」の探究を続けている。
著書は、『子どもの成績は、お母さんの言葉で9割変わる！』『すべての成績は、国語力で9割決まる！』『100点満点とれる子の育て方』（いずれもダイヤモンド社）など。一部は中国や韓国、台湾でも翻訳出版される。

世にも美しい三字熟語

2021年10月26日　第1刷発行

著　者――西角けい子
発行所――ダイヤモンド社
〒150-8409　東京都渋谷区神宮前6-12-17
https://www.diamond.co.jp/
電話／03･5778･7233（編集）　03･5778･7240（販売）
装丁――――三森健太（JUNGLE）
本文デザイン―中井辰也
企画協力――ブックオリティ
校正――――鷗来堂、聚珍社
製作進行――ダイヤモンド・グラフィック社
印刷――――ベクトル印刷
製本――――ブックアート
編集担当――土江英明


ISBN 978-4-478-10980-9